Die obere Isar – eine Zeitreise

Alt-Fall, Neu-Fall, Sylvensteinspeicher

Eder Werbung & Verlag

© Werbeagentur Eder GmbH, Werbung & Verlag
83661 Lenggries, Günther-Eich-Straße 12
1. Auflage, 1997, ISBN 3-9805665-2-8

Satz & Repro: MXM Digitaler Service
81541 München, Alpenstraße 12
Druck: Athesia Druck, Bozen

Inhaltsverzeichnis

Gesamtanstieg in Tölz bis zum Höhepunkt um 16 Uhr dürfte etwa 2 Meter betragen haben. Unser Fluß war zum reißenden Strom geworden, der neben großen Mengen Holz, Telegraphenstangen, einem herrenlosen Floß, land- und hauswirtschaftlichen Geräten auch zwei Stück Großvieh mit sich trug. Die Fluten überschwemmten den Kapellgasteig bis zum „Mauthäusl" und bespülten den Aufstieg der Lenggrieser Straße zum Markt, von wo zum Überfluß ein Extrabach aus einem Gulli des unter der Marktstraße fließenden Ellbacharmes herabgeströmt kam. Eine Anzahl Autos konnte aus der Reparaturwerkstätte Fischhaber herausgeholt u. auf den ansteigenden Straßen untergestellt werden. Isaraufwärts waren stellenweise einzelne Anwesen ganz von Wasser umgeben. Große Schäden an Holz, Geräten, Fluren und überschwemmte Keller wurden von zahlreichen Stellen gemeldet. In Tölz selbst waren auch die Anwesen isarabwärts mehr oder minder stark in Mitleidenschaft gezogen; das gesamte Gelände am Baustadel oberhalb der Brücke auf der linken Flußseite stand gleichfalls unter Wasser. In vielen Häusern drückte das Grundwasser nach oben durch, so daß das Erdgeschoß unter Wasser stand. Diese Erscheinung war auch an anderen Stellen zu verzeichnen, so im Keller des hochgelegenen Bahnhofs. Um 16 Uhr war der Höhepunkt erreicht

Vor Tölz hat das Hochwasser von 1940 Treibholz angeschwemmt

Das Sägewerk Reiter in Lenggries wurde 1990 bei einem Hochwasser überschwemmt

und die Wasser begannen zu sinken. Schon um 20 Uhr war der größte Teil im Gries abgeflossen. Unglücksfälle sind bisher nicht gemeldet worden. An verschiedenen Stellen traten Verkehrsstörungen ein, so zeitweise auf der Straße Tölz-Lenggries rechts der Isar, ferner zwischen Heilbrunn und Bichl. Auch ist eine Steinlawine zu erwähnen, die in der Nacht vom Samstag zum Sonntag zwischen Urfeld und Walchensee bei km 75 niederging und die Straße für einige Zeit verschüttete. Starke

Störungen im Orts- und Fernverkehr des Fernsprechwesens sind ebenfalls aufgetreten. Im Vergleich mit den Hochwassern der letzten hundert Jahre rangiert die diesjährige Katastrophe nach der größten von ihnen, nämlich der von 1940. Die anderen Ueberschwemmungen der Jahre 1853, 1899, 1929 und 1942 blieben weit hinter diesen beiden zurück. - v.T.'

Hochwasser sind dramatische Ereignisse. Sie sind etwas Großes und Mächtiges, das uns Radio und Fernsehen als Attraktion zum Abendtisch servieren. Hochwasser sind eine tolle Erscheinung, wenn sie uns nicht selbst betreffen und wir nicht an die denken müssen, die es betrifft.

Abseits ihrer faszinierenden Naturgewalt haben Hochwasser für die betroffenen Flußanlieger etwas Ungemütliches, Schädigendes und mitunter auch Gefährliches an sich. Deshalb liegt den zuständigen Behörden eigentlich immer schon daran, die Siedlungsräume vor Hochwassern zu schützen.

Bild oben:
Der Arzbach hat beim Hochwasser 1990 den Tennisplatz verwüstet

Bild unten:
Als sie sich an dem Naturschauspiel ergötzten, wurden über 100 Schaulustige ein Opfer der Isar, als die äußere Münchner Isarbrücke 1813 einstürzte

*Ihm verdanken wir, daß die Zeit der
alljährlichen schlimmen Hochwasser vorüber ist:
Der Sylvensteinspeicher aus der Luft*

Im Faller Tal hat die Oberste Baubehörde ein künstliches und bleibendes „Hochwasser" angelegt; ein ganzes Dorf mit Kirche, Gasthof, Eisenbahn und Weiher ist ihm zum Opfer gefallen. Die Ortschaft Fall mußte dem Sylvensteinspeichersee weichen. Dieser große Wasserspeicher dient seit 1959 den entlang der Isar liegenden Besiedelungen als Schutz vor Hochwasserschäden, wie man sie von früher her noch kannte. Neuerdings wird wieder gebaut am Sylvensteinspeicher, um den Schutz den heutigen Sicherheitsnormen anzupassen. Ein Hochwasserspeicher also.

Nicht ganz! Gefordert wurde ein Wasserspeicher Ende der Vierziger Jahre mit Vehemenz von den Isar-Anliegergemeinden Lenggries und Bad Tölz aus einem anderen Grund: Nachdem aus energiewirtschaftlichen Gründen Anfang der Zwanziger Jahre die Isar bei Krün zum Walchensee abgeleitet und dessen natürlicher Abfluß in die Jachen gesperrt - und Ende der Vierziger Jahre der Rißbach ebenfalls zum Walchensee und die Dürrach und Walchen zum Achensee abgeleitet worden waren, mußten die Anlieger um „ihre" Isar bangen. Sie war eines Großteils ihres Wassers be-

1 Staudamm
2 Grundablaß
3 Betriebsauslaß
4 Kavernenkraftwerk
5 Hochwasserentlastung
6 Zusätzliche Hochwasserentlastung

Die Anlagen des Speichers in der Skizze

13

raubt worden. Als Rettung erschien damals die Möglichkeit eines Wasserspeichers, der in niederschlagsarmen Zeiten Wasser aus dem Speicher zu den mageren Zuflüssen zuschießen und so für eine ausreichende Wassermenge in der oberen Isar sorgen könnte. Der Sylvensteinspeicher hat also zwei Hauptaufgaben zu erfüllen: Er stellt Wasser zur „Niedrigwasser-Aufbesserung" zur Verfügung und hält einen Teil der Hochwassermengen zurück.

Aber gleich ein Buch? Wer weiß schon wirklich, was mit diesem Sylvensteinsee alles zusammenhängt? Wie der Damm bis in hundert Metern Tiefe gesichert wurde? Ob die Häuser von Fall noch stehen und wo überhaupt? Wo die berüchtigte Felsenenge verläuft, die dem Fleck seinen Namen „Fall" verliehen hat? Daß die ersten Planungen eines Stausees bis fast hundert Jahre zurückgehen? Daß sein Kraftwerk das größte

der Bayerischen Landeskraftwerke ist? Was man an der Isar und mit der Isar alles geschaffen hat?

Wann die ersten Besiedelungen im Faller Tal stattfanden? Welche ökologischen Auswirkungen die Flußableitungen und der Dammbau mit sich brachten? Und schließlich: Wie der See selbst all das Treiben um ihn herum sieht? Gründe genug, ein Buch zu schreiben. Und zu bebildern - eine Menge historischer und aktueller Photographien haben wir zusammengesucht, um auch dem Auge die Zeitreise in die Vergangenheit zu ermöglichen. Und auch die Zukunft haben wir gleich mit dazugepackt: Auf Zeichnungen können Sie schon sehen, wie der erhöhte Damm aussehen wird.

Viele Privatpersonen und Vertreter von Institutionen haben uns durch ihre Bereitschaft zum Gespräch, ihre Hinweise oder die Überlassung von Bildmaterial unterstützt. Dafür bedanken wir uns am Ende des Buches ausführlich.

Bild oben
Noch stehen die Häuser von Fall, doch daneben
entsteht bereits die neue Klammbrücke

Bild unten
Der Sylvensteinsee und seine Zuflüsse bieten
viele Gelegenheiten zur Freizeitgestaltung

Nun wünschen wir Ihnen einige erfreuliche Lektürestunden mit diesem Buch! Es beginnt bei den ersten geschichtlichen Zeugnissen der Besiedelung in Fall und Vorderriß, läßt das Leben im alten Dorf Fall noch einmal aufleben und zeigt die Handwerke am Wasser auf. Nach einer Zusammenstellung der verschiedenen Nutzungen des Isarwassers von der Quelle bis zur Mündung schließt sich ein Abschnitt über den Bau des Sylvensteinspeichers an. Hier finden Sie auch ein Blatt mit den technischen Daten des Gesamtbauwerks. Daran anschließend beschäftigen wir uns mit der Flußökologie und beschreiben das Früher und das Heute an der Isar. Nach einer Darstellung der aktuellen Baumaßnahmen am Damm soll zuletzt auch der See selbst das Wort erhalten und erzählen, was in ihm und an ihm und um ihn herum so alles getrieben wird. Am Schluß finden Sie ein chronikalisches Register mit Kapitelverweisen.

Ingrid Ricard
Auf alten Wegen

Zur Besiedelung des oberen Isarwinkels

Schon bei der Besitznahme des bis dahin römischen Landes sei Herzog Theodor I. - wohl ein romabtrünniger Gote - mit seinem Wagen-Treck auf einer Fernstraße durch das Isartal nach Inutrium (Mittenwald) vorgedrungen, berichten die Althistoriker Aventin und Westermayer. Die frühe Isarflößerei führte von Inutrium aus durch das Isartal zur Donau und zum Schwarzen Meer. Bei Fall wird schon früh eine Zollstätte gewesen sein, denn dort endete der Geleitschutz für die Flöße von seiten Mittenwalds. Während für das gesamte Isartal die Seelsorge bis um 750 vom Kloster Schäftlarn

Kapelle und Schloß in der österreichischen Hinterriß. Von hier aus wurde auch die bayerische Vorderriß seelsorgerisch mitversorgt

ausging, unterstand es politisch als Teil des Sundergaus (Südgaus) wohl wechselnd den Burgbesitzern im Isarwinkel und dann den Grafen von Diessen-Haching, sodaß weder Tegernsee noch Benediktbeuern ihre Grenzen „bis an den Strom" ausdehnen konnten.

Das Gebirgshinterland soll nach J. Nar schon „durch Tassilo II. (748-788) vergabt worden sein", und das Anrecht des Klosters Benediktbeuern - später Herr über viel Holz links der Isar und am Rande der Vorderriß - auf das Territorium der Jachenau gehe bereits auf die Agilolfingerzeit zurück. Doch lagen die Rechte, nachdem Karl der Große Tassilo „kalt" gestellt hatte, offenbar wieder beim Kaiser. Noch im 9. Jahrhundert gehörte die Jachenau politisch zum Poapinthalgau, dessen Grenze am oberen Inn verlief. Erst Kaiser Heinrich III. (1039-1056) übereignete sie urkundlich mit dem Walchensee an das Kloster Benediktbeuern. Im Wallgau lebten, so Prof. Sepp, bis ins späte 8. Jahrhundert die „räthischen Breonii", die, wie die „Wälschen" am Achensee und im Thälergau, lange ihre Autarkie behielten. Der Name „Vermansalpe" weise noch auf ein längeres Romanentum hin. Westermayer jedoch schreibt, daß im Isarwinkel wohl „weniger wohlhabendes Römer-

Das Wirtshaus zur Blockhütte zwischen Fall und Vorderriß

volk gewohnt" habe als beispielsweise am Würm- und am Ammersee. Über die Karolingerzeit (Ende 911) hinaus wurde weithin auch noch kelto- und raetoromanisch, sowie ladinisch gesprochen.

Anfang des 11. Jahrhunderts „verteilte sich das Gebiet zwischen Loisach und Isar in bischöflichen, gräflichen und klösterlichen Besitz". Kloster Benediktbeuern gehörte politisch zu der Grafschaft des Adalbero von Eurasburg, der urkundlich 1003 von Heinrich II. mit Jagdrechten im Sundergau rechts der Isar bis nach Hechenberg, links bis Königsdorf und die Wendenau (Winidouwa) nachgewiesen ist.

Im Jahre 1155, da auch von „einer fürchterlichen Hungersnot im ganzen Lande" berichtet wird, führte ein Post- und Fernweg von Tölz über Lenggries, Fleck und Winkl zum Sylvenstein (lateinisch „silva" für Wald).

Um 1180 erschien hier als Erbe aller Burgen der mächtige Hainricus de Tolnze (Heinrich von Tölz) mit seinen Rittern - „cum militibus ejus". Sein Sohn Konrad war von 1230 bis 1258 Bischof von Freising. Er oder sein Bruder Gebhard, der Herr von Hohenburg, wird den Wald im oberen Isarwinkel bis zum „Vermansbach" (Fermersbach), der Grenze zu Tirol, an Freising vermacht haben.

Der Weg von Fall nach Vorderriß führte an der „Neuwies" (links) vorbei. Rechts das Isarbett

Der dortige Bischof Adam Veit ließ im 30-jährigen Krieg, von 1626 bis 29, viel Holz an den Bergwäldern roden.

Als eine „für Getreidefuhren bestimmte Landstraße" wird 1401 der Weg nach Mittenwald bezeichnet. Dr. Höfler berichtet, daß er sich bei Fall teilte. Ein Reit- und Gespannweg passierte die „Hühnerbrücke" und führte zum Achen- und Tegernsee. Über die Dürrach-Brücke ging es nach Fall. Von dort „führte westlich hinter dem Wirtshause eine Straße neben der Isar am Forstwartshause vorbei zu einem schönen Marienbild". Später kam man zu „einer Holzhauerhütte, die sein verstorbener Besitzer, ein Veteran aus dem russischen Kriege, 'Gasthaus zum Raß-Pantali' nannte".

Endlich erspähte man „das Forsthaus mit dem kgl. Jagdschloß in der wacholderbewachsenen Krametsau" (früher „Kranwittsau") in Vorderriß. Von dort gelangte man weiter nach Wallgau und Mittenwald.
Von Hinterriß her betrat man „bei der Vereinigung des Feuerbachs mit der Riß beim Vorderskopf" bayerisches Gebiet.
Der keltische Urbegriff für die Gegend um Fall basierte auf Wasserreichtum und dem einst starken „Gefälle" der Isar. Die romanischen Begriffe „Val", „vallis" (mit „W" gesprochen) bedeuten „Tal" in Verbindung mit Wasser. Vergleiche etwa in romanisierten Sprachen: „Val di...", „Valley", „Wallis" und „Vallé". Der an den Sundergau im Süden angrenzende „Thälergau" hieß bei den

Römern „pagus inter valles", wörtlich „Bezirk zwischen Tälern". Durch „Wälschenhaß" und volkstümliche Begriffsverschleifungen, aber auch durch den Einfluß der Kirche wurde die vorbajuwarische Zeit fast unkenntlich gemacht.
Die „Ach(en)", die unterhalb der Siedlung Fall in die Isar mündete, hieß eigentlich „Vall-Ach", was als „Wallach" oder auch „Walchach" gesprochen und geschrieben wurde und den Eindruck erweckt, als wären verschnittene Hengste damit gemeint. Schließlich kennzeichnete man die ethnische Grenze zum „Walachenland" dadurch, daß man die „Vall-Ach" einfach „Walchen" nannte. Fall aber wurde altdeutsch mit „F" gesprochen und schließlich auch so ge-

Historische Planzeichnung von 1786 mit dem Dürrachtal, Fall, der berüchtigten Felsenenge und der Walchen samt den damaligen Wegverläufen

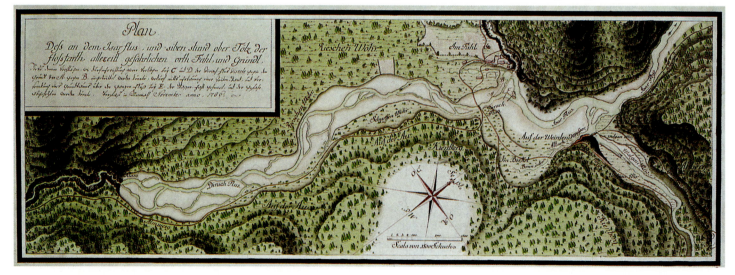

Vorderriß mit der Isarbrücke, dahinter der Gasthof „Post" und auf der Anhöhe rechts die Kapelle und das Forsthaus

schrieben, weil ein „V" eben kein „W" ist, wie Karl Valentin so trefflich klarstellte.

Von dem lateinischen „vallis" leiten sich beispielsweise die Bezeichnungen „Walliser" für die Bewohner des Schweizer Kantons Wallis sowie „Waliser" für die noch heute in Wales lebenden Keltenabkömmlinge ab. Die Briten nennen die Waliser „We(a)lsh" (sprich: Wälsch), was wohl ursächlich auch mit dem wehrhaften Temperament dieses Volkes zu tun hat, und wahrscheinlich über die Römer und Normannen in die römisch-germanisch-anglikanischen Sprachen einfloß. Und da die römische Reiterei ihre Hengste wirklich verschnitt, nannten die Germanen teilweise die Römer boshaft „Wal(l)achen", und auch Georg Wester-

mayer nennt den Isarwinkel eine „Rumänien-Walachei", weil sich hier seinerzeit viel „We(ä)lsches" tummelte, wie man die kelto-romanischen Menschen dann wenig achtungsvoll nannte.

Aus der Besiedelungsgeschichte von Fall

Der Ort „Fall" taucht in den wenigen Aufzeichnungen erst 1280 auf. Im Herzogsurbar, einem Verzeichnis der Güter und Nutzungsrechte des Herzogs Ludwig II. des Strengen von Oberbayern, wurde ein Hof „datz dem Valle" erwähnt. Diese Bezeichnung muß wohl „dat ze (zu, bei) dem Valle" lauten, denn das ominöse „dat" wird

sich herleiten vom lateinischen „datio in solutum", was heißt: „Abtretung statt Zahlung". Diese Abtretung geschah in Form von Naturalien, die als Einkünfte des Amtes Tölz aufgeführt worden sind: 200 Stück Käse, vier Hühner und 50 Eier betrug der Zehnt an den Grundherrn.

Seit dem 14. Jahrhundert waren die Schöttlbauern „beim Jäger von Fall" ansässig, die sicher im herzoglichen Auftrag zur Betreuung und Pflege des Wildbestandes beordert worden waren. 1483 schickte Bayernherzog Albrecht IV. einen Bärenjäger mit Knechten und 34 Hunden nach Fall, was die Klöster Tegernsee, Ettal und Benediktbeuern 1490 veranlaßte, eigene Jäger zur Bärensuche im Wirtshaus einzuquartieren.

Vorderriß: „Ochsensitz", Jagdhäuser und Sägmühlen

Seit das Kloster Benediktbeuern in den Besitz der linksseitigen Bergwälder im Isarwinkel gelangt war, gab es schwere Auseinandersetzungen ums Holz, was schließlich 1619 zum Bau eines Holzwächterpostens führte. Der Hinterbichler Leonhard Pichler kam auf einem „sehr beschwerlichen Weg" von Sachenbach her über die Jachenauer Berge und hatte auf Rinderweideland am Rand des Klostergrundes, direkt neben einer alten Burg, der „Katzenburg", „das Hüttl gezimmert" und es „Zum Ochsensitz" genannt.

1633 beschwerte sich Abt Waldramus von Benediktbeuern bei der Regierung in München erneut über schweren Holzraub im Schronbachtal. Den verhängten Arrest liessen jedoch die Untertanen vom Kurfürsten wieder aufheben, da sie das Holz „wie das täglich Brot" brauchten.
„Ochsensitzer"-Pichlers Sohn Casparen übernahm 1639 unter Abt Philipp bereits „ein Häusl", und erhielt es bei seiner Heirat 1641 als festes Anwesen mit kleiner Landwirtschaft. Doch heizten (und handelten) auch die Pichlers unerlaubt mit Klosterholz. 1692 bis 1774 waren die Sachenbacher von Ried Besitzer des „Ochsensitzes". Dann ehelichte die Witwe Katharina den reichen Georg Jaud vom Achental, was dem An-

wesen wirtschaftlich und baulich zugute kam. Neben der 1794 rechts der Isar neben oder in der Nachfolge einer 1629 von Freising erbauten Sägemühle errichteten „Müllerschen Erbrechts Säge" befand sich das „Gasthaus an der Isarsäge", in dem auch die Hoheiten samt ihrem Gefolge einkehrten.
Den „Ochsensitz" erwarb 1865 Anton Tanner von Tannerhäusl 33, dessen Sohn 1933 noch im Besitz desselben war. Heute gehört das Anwesen dem Staat und steht leer.

Fürsten-Halali in der Riß

Herzog Albrecht IV. soll „am liebsten in den Isarbergen" Bären und Hirsche gejagt haben. Sein Sohn, Herzog Wilhelm IV., schrieb am Abend des Tages „Nativitatis Mariae" im Jahre 1517 von Schloß Tölz aus „seiner gnädigen vnd lieben frawen vnd Mutter", die nach dem frühen Tod Albrechts IV. ins Kloster gegangen war, in einem Brief, daß er ihr durch einen Jägerknecht „einen ganzen zerwirchten Hirschen, auch von einem Pern (Bären), so er gefangen, zwo tatzn" sende.

Der „Ochsensitz" links der Isar war eine Art Wachposten des Klosters Benediktbeuern

Ein Beschluß des Tirolischen Landtags von 1519, daß „jeder Unterthan sein Feld ohnerachtet der Waldmeister und Forstknechte Verhinderung mit gespaltenem Holz einzäunen und schädliche Thiere, als Bären, Luxe und Wölfe wie von Alters Herkommen fangen und jagen" dürfe, bewirkte dort einen Jagdeifer, der die Raubwildbestände allgemein dezimierte. Doch hatte die Jachenau auch 100 Jahre später wieder eine Bärenplage.

Das Gebiet an der Riß war von jeher prädestiniert für die Rotwildjagd. Auch Max II. reiste regelmäßig über Fall zur Jagd in die Riß. Hier ließ sich der Wunsch adeliger Herrschaften nach der Bergeinsamkeit noch besser als in Fall verwirklichen. Max II. ließ 1841 das Jagdschloß erneuern und nannte es fortan „Königshaus". „Sein und seiner hohen Gemahlin, sowie Sr. kgl. Hoheit, des Prinzen Karl und seines Gefolges Namen befinden sich im Fremdenbuche des Forsthauses unmittelbar hinter dem Titelblatt. Dieses Fremdenbuch wurde dem Forsthaus in der Vorderriß gewidmet von Sigmund von Schab, früherem kgl. Landgerichtsassessor in Tölz..."

Bild oben
In der Öttl-Säge in der Vorderriß wurden die von der Isar und dem Rißbach herabgetrifteten Baumstämme verarbeitet

Bild unten
Das Wehr in Vorderriß in einer historischen Aufnahme. Auf der Anhöhe Kapelle und Forsthaus

Zwei Jahre nach seiner Krönung ließ Ludwig II. die um 1700 erbaute Vorderrisser Kapelle neugotisch restaurieren. Der Heimatdichter Ludwig Thoma, der in dem von Max II. erbauten Forsthaus aufwuchs, berichtete begeistert von seiner Begegnung mit dem jungen König bei der Einweihungs-Messe. Ludwig ging es dort um die Ruhe des Fleckens, die auch kein Schuß durch die Jäger trüben durfte.

Seine Sehnsucht nach den Bergen und dem Wald war so stark, daß die Vorderriß sogar als Ratifizierungsort eines Gesetzes vom 27. Oktober 1871 angegeben ist.

Zuguterletzt jagte auch Ludwigs ungeliebter Oheim, Prinzregent Luitpold, in der Riß. Ihm „ …verdankt auch das 'Prinzregentenbad' seine Entstehung," berichtet der Tölzer Kurier Ende 1928. Zu dieser Zeit sei es aber schon versandet und verschüttet gewesen, und die Wege dorthin zerfallen und unwegsam.

Ja, lange schon sind die glanzvollen Halali-Zeiten im wasserreichen Isartal zwischen Walchen und Rißbach vorbei.

König Ludwig II ließ die Kapelle in Vorderriß umbauen

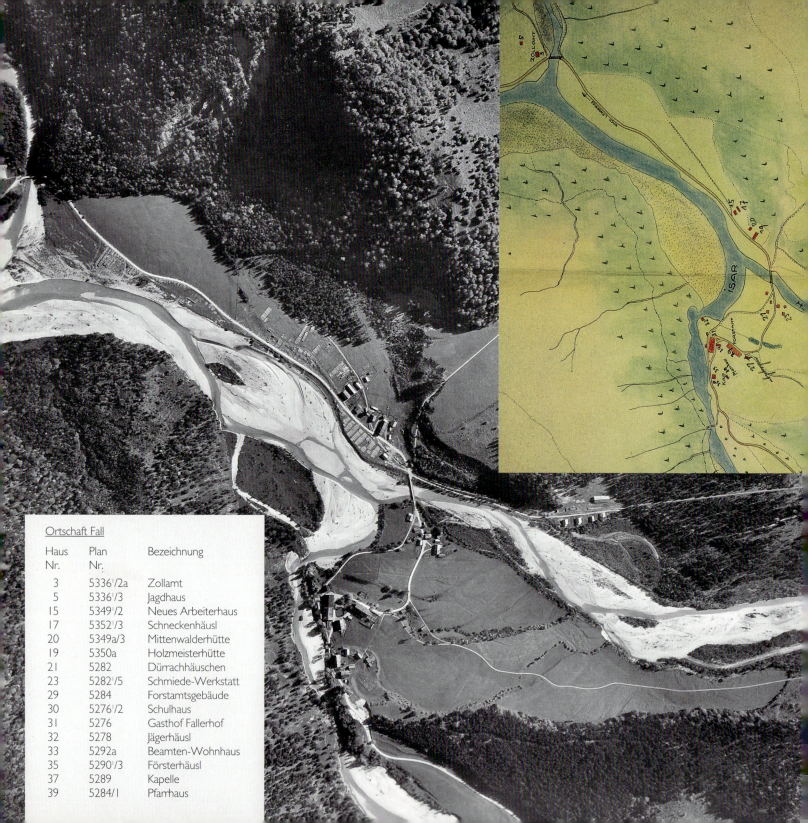

Ortschaft Fall

Haus Nr.	Plan Nr.	Bezeichnung
3	5336¹/2a	Zollamt
5	5336¹/3	Jagdhaus
15	5349¹/2	Neues Arbeiterhaus
17	5352¹/3	Schneckenhäusl
20	5349a/3	Mittenwalderhütte
19	5350a	Holzmeisterhütte
21	5282	Dürrachhäuschen
23	5282¹/5	Schmiede-Werkstatt
29	5284	Forstamtsgebäude
30	5276¹/2	Schulhaus
31	5276	Gasthof Fallerhof
32	5278	Jägerhäusl
33	5292a	Beamten-Wohnhaus
35	5290¹/3	Försterhäusl
37	5289	Kapelle
39	5284/1	Pfarrhaus

Stephan Bammer
Fall

Das alte Fall lebt noch. Längst von den aufgestauten Wassern der Isar und der umliegenden Gebirgsbäche überschwemmt und begraben, konnte ich ihm in den Erinnerungen von ein paar seiner ehemaligen Bewohner nachspüren. Dabei tat sich eine Welt auf, die - zwischen einhüllenden Bergflanken kauernd - ihren eigenen Gesetzmäßigkeiten gehorcht hat. Es führten nur beschwerliche Wege von Fall hinaus in die „große Welt", und heißbegehrt waren die Nachrichten, die hereinkamen. Wenn etwa die Postkutsche von Lenggries her auf ihrem Weg in die Vorderriß haltmachte oder ein Floß von Mittenwald zugefahren war - immer gab es Neues zu erfahren über „d' Leut", über die Regierung und darüber, wer gerade mit wem Krieg führte.

In der Mitte der 1950er Jahre wurde das Faller Tal bekanntlich in eine Großbaustelle verwandelt, die auch in heutigen Relationen diese Bezeichnung verdient. Mit dem ersten Spatenstich und dem ersten gefällten Baum begann der Epilog einer Besiedelung, deren erste Spuren wir im Hochmittelalter finden können.

Die Spuren der Schöttl

Der Name Schöttl begegnet uns in erhaltenen Akten erst hundert Jahre nach dem Herzogsurbar von 1280, der ersten Quelle für eine Siedlung „am Vall" überhaupt. Der Pfad an der Isar nach Fall mußte immer wieder der sich in ihrem Bett umwälzenden Isar angepaßt werden. Diese Straßenarbeiten erledigte der Schöttlbauer als herzoglicher Hintersasse auf Anweisung und gegen Bezahlung. So erhielt er im Jahre 1380 vom Tölzer Amt Geld dafür, „die weg ze pezzern". In seiner monopolartigen Stellung im Faller Tal vereinigte der Schöttl nicht nur seine Land- und Forstwirtschaft mit der Jagd, sondern fungierte, wenn es sein mußte, auch als Gastwirt oder ausführendes Regierungsorgan. Nicht nur der Leinpfad bedurfte des ständigen Unterhalts, sondern auch die Fahrrinne der Isar. Von Mittenwald und der Vorderriß her kommend benutzten die Holzhändler und Kaufleute das Floß als Verkehrsmittel. „Fahr' ma

Das Faller „Unterdorf", darüber die Dürrachbrücke mit dem anschließenden „Mitteldorf", auf der Anhöhe das „Oberdorf", die Felsenenge „Grindel" und dahinter das breite Isarbett

auf Minga mit'm Floß - des geht vui schneller wia mit de Roß" lautete nicht nur ein gern gesungener Reim, sondern gibt uns den Hinweis darauf, daß auf der Isar schneller transportiert werden konnte als mit Fuhrwerken auf den damaligen Wegen. Vorausgesetzt, der Flößer verstand sein Handwerk! Denn gerade in Fall, nicht weit entfernt vom Schöttlhof, befand sich eine der schwerwiegendsten Gefahrenstellen entlang der Isar bis München. Eine Felsenenge zwang den anderswo raumgreifenden Fluß in ein schmales Bett, in dem der hohe Druck der Wassermassen eine starke Strömung erzeugte. Das felsige Flußbett mit seinen Vorsprüngen und Eintiefungen brachte das Wasser auch quer zu seiner Fließrichtung in Bewegung. Hier entstand ein Strudel, dort sorgte ein vorstehender Stein für einen Gegenstrom, überall gurgelte und gluckste das Wasser mit tiefen Lauten, Gischten spritzten in die Höhe und Wellenberge trugen Schaumkronen. So nimmt es nicht wunder, daß bereits 1406 wieder in einer Urkunde von Schöttl die Rede ist. Der diesmal als „herzoglicher Kastenbauer" bezeichnete Faller kümmerte sich ja um die „Naufahrt", die Fahrrinne der Isar. Die Durchfahrt für Flöße mußte sichergestellt werden, hatte doch die Haupt- und Residenzstadt München ein großes Interesse an all den Handelsgütern, die aus Südtirol, Venedig und Übersee auf der Römerstraße Via Claudia nach Mittenwald einge-

Eine fesche Jagdpartie mit der Bockerlbahn ins Bächental

führt und dort auf Flöße geladen wurden. In der Vorderriß wiederum wurde viel Bauholz „ans Wasser geschlagen", also aufs Floß geladen und bis München gefahren. Da saß der Schöttlbauer mit seiner Familie gerade an der richtigen Stelle, am sogenannten „Fall", der Felsenenge, und beseitigte beengende Felsen und hervorstehende Steine. Adrian von Riedl beschrieb 1806 „den Fall" in seinem Stromatlas von Bayern im nüchtern-konkreten Stil des Aufklärers: „Hier stürzet der Fluß zwischen zwey Felswände in einen 20 Schuhe weiten Raum gedränget über schroffe Steine in einer kurzen Strecke mit einem Gefälle zu 15 Schuhen heraus". Der Literat Ludwig Ganghofer legte mehr Gewicht aufs Sentiment des späteren 19. Jahrhunderts, gibt uns aber auch eine zusätzliche konkrete Information: „ ... mit wilder Gewalt zwängte sie ihre Wassermassen durch die einengenden Steinklötze

der beiden Ufer und stürzte sie dann hinab, schäumend und wirbelnd über drei aufeinanderfolgene Fälle." Dafür, „daz er daz wasser verseczt hat in dem Vall und den arbaitern kest geben hat", dafür also, daß er die Arbeiter verköstigt hat, die ihm beim „Wasserversetzen" oder beim Felsbehauen geholfen haben, erhielt Schöttl aus dem Münchner Stadtsäckel Lohn und Entschädigung. Im Jahr 1432 bekam er wiederum 12 Schilling für das Brechen eines Steines „In der Yser oder In der Rüssch" bei Vorderriß. Um die Mitte des 15. Jahrhunderts wurden zwei Schöttl „beim Jäger im Fall" aktenkundig. Nun erscheint auch die Benennung als Jäger. Die Familie Schöttl bewirtschaftete den Jägerbauernhof bis zur Mitte des 19. Jahrhunderts. Als der Weg ins Faller Tal am Sylvenstein beschädigt war, mußten die „Schötteln von Fall" im Jahr 1478 Herzog Albrecht IV. dem Weisen auf seinem Ritt in das Gebirge den Weg bahnen. Bis zu 15 mal mußte man damals auf dem Weg durch die Sylvensteinenge nach Fall durchs Wasser waten oder fahren! Zuweilen, wenn der Weg unterspült war, wurden behelfsweise mehrere Flöße als Brücke aneinandergestrickt. Erst 1469, als ein Isar-Hochwasser den Weg einmal mehr zerstört hatte, wurde eine Straße durch den Felsen gehauen. Als Ausgleich für diese Maßnahme erhob man einen „Zoll über den Sulverstain". 1491 haben dann die Schöttl eine Brücke über die Walchen errichtet. Um diese Zeit jagte man noch mit Tellereisen Bären in den Bergen um Fall.

Trotz der neuen Straße blieb die Sylvenstein-Enge schwierig zu passieren. Zwar war nun der Wegverlauf um den Felsen herum gesichert, aber im Anschluß mußte er den Gries durchqueren, bis er ein Stück weiter wieder höher gelegenen Grund erreichte. Eine kolorierte Karte „Unter dem Silverstein beim Hochwasser am 9 Juny 1829" dokumentiert die Unterspülung der Straßenverbindung. Von der „Au" herab führen insgesamt drei Wegverläufe von Norden her in den Gries, davon zwei „von Toelz" bezeichnet, die sich ein kurzes Stück weiter nördlich vereinen. Der Weg taucht erst am „Silverstein" wieder auf, wo deutliche Wehrbauten das Wasser von der Straße wegleiten. Dazwischen finden sich die „mit Wasser überloffenen Kiesbaenke" und ein „im Jahre 1829 gemachter Flechtzaun" mitten im Flußbett. Der Weg ist hier überschwemmt und ein „jetziger prov. Weg" durch die „Waldung" oberhalb des Grieses mit gestrichelten Linien eingezeichnet. Verglichen mit der Breite der an- und weiterführenden Straße kann es sich dabei nur um einen Pfad durch den Wald handeln, der sicher nicht befahren werden konnte.

Bisher blieben uns die Vertreter des Schöttl'schen Geschlechtes persönlich verborgen. Doch am 27. Juni 1658 kam Adam zur Welt, der fünfte oder sechste Sohn von Thomas und Anna Schöttl, geborene Gaisreither. Adam Schöttl wurde im Zusammenhang des Bauernaufstands von 1705 als „Jägeradam" bekannt. Er war eine der leitenden Figuren. Adam Schöttl heiratete die erst 20-jährige Witwe Maria Postenrieder vom „Bruckjäger" in Iffeldorf mitsamt ihren drei Kindern und trug schon bald den Namen „Jäger von Iffeldorf". Als 1694 sein Stiefsohn heiratete und das Anwesen erhielt, zog Adam Schöttl mit seiner Familie nach Mittenwald, wo er die Stelle eines Oberjägers antrat. Als just die bayerischen Truppen, für Kurfürst Max Emanuel beim Spanischen Erbfolgekrieg auf der Seite Frankreichs gegen Österreich kämpfend, auf ihrem Rückzug aus Tirol in Mittenwald Stellung bezogen, verpflichteten sie ausgerechnet den Jägeradam dazu, die österreichischen Truppen auszuspionieren. Das Kriegsglück der Bayern indes verging zusehends, die Bayern mußten auch Mittenwald aufgeben und die Tiroler marschierten ein. Da blieb dem „Spion" Adam Schöttl und seiner Familie nur die Flucht - doch wo fanden sie Unterschlupf? Es war für ihn der nächste Weg: Die Isar entlang in die Faller Gegend, wo sich in den ausgedehnten Bergwäldern gut verstecken war. Im Heuwinkl hängt eine Votivtafel, auf der Adam Schöttl der Jungfrau Maria dafür dankt, daß er und seine Familie die Gefahren dieser Zeit überstanden haben: „Der gewenedeitisten JungkhFrauen Maria auf den Hey Bichl hab ich Adam Schöttl, OberJäger zue Mitten-Waldt und Maria, mein Hausfrau, dise Taffl zur schuldigen dankhsagung hie her machen lassen, so uns durch die selligiste vorbitt in villen gefahrn ist geholffen worden. Anno 1694". Vielleicht hat Adam Schöttl geglaubt, die spannendste und gefährlichste Episode in seinem Leben hinter sich zu haben. Doch die Umstände würden ihn noch einmal an einen historischen Brennpunkt spülen und noch einmal in Lebensgefahr bringen. 1704 wurde das bayerisch-französische Heer geschlagen und die österreichischen Truppen besetzten daraufhin Bayern. Unter der Parole „Lieber bayrisch sterben, als österreichisch verderben!" erhoben sich 1705 die Oberländer Bauern. Um München und Bayern von den Österreichern zu befreien, mobilisierte Adam Schöttl die Valleyer, Lenggrieser und Benediktbeurer. Was jedoch als unblutige Überraschungsoffensive gedacht war, geriet wegen Verrats an den Österreichern zum Massaker an der entwaffneten Landbevölkerung. Nur wenige entronnen dieser „Mordweihnacht" - unter ihnen auch der Jägeradam. Wieder flüchtete er in die Faller Berge. Als ihn 1706 der Tölzer Pfleger auf Geheiß der österreichischen Besatzer suchen und verhaften sollte, wurde er nicht gefunden. Erst, als 1715 wieder Friede und Freiheit einkehrten, konnte sich der Jägeradam wieder frei bewegen.

Für das Jahr 1626 wird auf einem der zwei Schöttl-Höfe ein neuer Name urkundlich belegt: Das Haus mit der alten Nummer 185 besaß nun Kaspar Riesch. Es ist anzunehmen, daß er eine Schöttl-Tochter geheiratet hat. Als im Jahre 1685 die Grundherrschaft der beiden Anwesen vom bayerischen Kurfürsten Max Emanuel als Geschenk auf den damaligen Herrn von Hohenburg, Hanns Wilhelm von Herwarth überging, betraf dies die Besitzer Georg Riesch und Thomas Schöttl. Insgesamt lebten acht Generationen Riesch auf diesem zweiten Faller Hof. Ein Abkömmling dieses Geschlechts ist in die Literatur eingegangen: Nachdem sein Elternhaus abgebrannt war, erbaute der Bauer und Forstwart Franz Paul Riesch (1792-1846) im Jahre 1842 die Gastwirtschaft „Faller Hof". Bayerns König Max II. (Regierungszeit 1848-1886) war hier des öfteren zu Gast. Franz Paul Riesch lieferte in seinen Tagebüchern Ludwig Ganghofer Material für dessen Roman „Der Jäger von Fall". Ganghofer schreibt über ihn: „Der Wirt - von allen, die bei ihm aus und ein gingen, kurzweg 'Vater Riesch' genannt - verkörperte mit seiner breiten, gedrungenen Gestalt und dem verschmitzten Faltengesicht, in den langen Schlotterhosen, dem weißen Hemd und der offenen Weste den landläufigen Typus der Hochlandswirte; auch der große Kropf fehlte nicht, dem ein braunseidenes Halstuch zur bequemen Schlinge diente."1857 verkaufte „Vater Riesch" seinen Hof mitsamt allem Holz für 83.000 Gulden und zog nach Lenggries. Der Sohn gleichen Namens indes, königlicher Förster in Fall, erwarb bereits 1859 zusätzlichen Grund und errichtete darauf ein Wohn- und Wirtshaus.

1876 bestätigte er schriftlich, die „Ertheilung der Erlaubniß zum Wirthschaftsbetrieb" erhalten zu haben. Es muß sich bei diesem Gebäude um das spätere „Beamtenhaus" handeln, auf dessen Fassade bei feuchter Witterung später noch die Aufschrift „Kramerei Riesch" zu entziffern war. Ansonsten ist aber von diesem „Wirtshaus zum Riesch", von dem es ebenfalls heißt, daß die Aufschrift bei Regenwetter noch zu lesen gewesen sei, wenig bekannt. Ab 1901 war spätestens der Faller Hof wieder eröffnet und bis zum Dammbau auch die einzige Gastwirtschaft in Fall.

Franz Paul Riesch, der Riesch-Vater, hat sich in Lenggries nicht zur Ruhe gesetzt; ganz im Gegenteil. 1872 gründete der passionierte Volksschauspieler die „Rieschbühne", ein fahrendes Theater, das unter dem Nachfolger Roman nach Brasilien ausgewandert ist und dort gespielt hat. Roman Riesch gastierte noch einmal 1959 in Lenggries und Bad Tölz. Weitere Nachkommen der Faller Rieschbauern sind ein Stück weit flußaufwärts gezogen und leben heute in Krün. Als im Jahr 1871 die Freiwillige Feuerwehr in Lenggries ins Leben gerufen wurde, stand ein anderer Franz Paul dahinter: Der Privatier Franz Paul Schöttl „zum Grundner im Dorf", der Bruder des letzten Jägerbauern von Fall. Auch der Jägerbauer hatte seinen Hof verkauft, zehn Jahre nach Riesch: 1867. Im Jahr 1872 kam der Hof an den Staat, 1894 zog das Forstamt von Vorderriß in das Wohnhaus ein; der Wirtschaftsteil war weggerissen worden.

In einer anderen Zeit, in Neu-Fall, konnte man Touristen suchend und augenscheinlich mißmutig umherirren sehen, bis sie endlich

Das Faller Oberdorf: Links die Kapelle, rechts der Jägerbauernhof und das Gasthaus „Faller Hof"

einen Passanten ansprachen: „Wo ist denn hier Alt-Fall? Da ist ja nichts beschildert! Das ist ja schäbig hier!"

Wer am Mythos von der versunkenen Dorfidylle strickt, arbeitet an einem Fallseil, über das selbst stolpern muß, wer seine rosagetönte Vorstellung von Alt-Fall mit der Erlebenswirklichkeit der Zeitzeugen konfrontiert sieht.

Die Faller und ihre Häuser

Erschien die neue Siedlung Fall den Urlaubern auf der Suche nach der „heilen Welt" in der „guten alten Zeit" schäbig, so bedeutete der Umzug von Alt- nach Neu-Fall für die Staatsbediensteten eine deutliche Verbesserung ihrer Wohnverhältnisse. Die Wohnungen in Fall galten allesamt damals schon als recht primitiv. Die aus

„Bachkugeln" gemauerten Bauernhäuser waren feucht, die Holzhäuser dagegen nicht winddicht. Die 1923 erbaute „neue Hütte" war beispielsweise eine Konstruktion aus liegenden Balken, die mit Moos abgedichtet und lediglich von innen einfach vertäfelt waren. Ein kräftiger Windstoß, und diese Dichtung war wieder dahin. Den Fortschritt, über ein eigenes Bad in der Wohnung zu verfügen und in gemauerten Wänden zu wohnen, konnte man schon genießen. Wer in Alt-Fall in einem Arbeiterwohnhaus lebte, der mußte unter Umständen von seiner Wohnung im ersten Stock hinunter ins Erdgeschoß laufen, nach vorne bei der Türe hinaus ins Freie und um das ganze Haus herum, um hinter dem Gebäude die Gemeinschaftstoilette zu erreichen.

Wer auf der Straße nach Fall ging, radelte

oder fuhr, der passierte etwa auf halber Strecke ein Marterl und eine geschnitzte Säule. Das hangseitig neben der Straße stehende Marterl erinnert noch heute an einen Raubmord. Der „Baraber" Kernlinger hatte am 9. März 1928 den Postagenten oder „Expeditor" Valentin Karl, der das Postamt geführt und die Auszahlungen an die Forstarbeiter vorzunehmen hatte, auf halbem Weg von der Bank in Lenggries nach Fall überfallen, ausgeraubt und erschossen: „Da eilt ich einst des Wegs geschwind, mich zog es heim zu Weib und Kind. Doch ach die Lust und Gier nach Geld, die hat den Mörder herbestellt. Und eine Kugel rauh und kalt, die rief mir zu auf ewig halt!". Der Attentäter ist dafür lebenslänglich ins Straubinger Zuchthaus gekommen.

An der Abzweigung eines alten Almweges zur Hochalm hinauf stand die Martersäule des Rieschbauern. Auf eingelegten Tafeln waren in Schnitzwerk religiöse Szenen, Heiligenfiguren und die Marterwerkzeuge dargestellt. In den Hohlraum der Säule war eine Pergamentrolle eingelegt, auf der der Grund für die Errichtung festgehalten worden war. Diese ist leider nicht mehr erhalten, so daß man nur spekulieren kann, was der Anlaß für die Errichtung der Säule war. Die eingeschnitzte Jahreszahl 1865 und der Standort der Säule sprechen für einen Zusammenhang mit Viehkrankheit und -unglück.

Die Straße war bis zur Mitte des 20. Jahrhunderts für die Allgemeinheit gesperrt. Sie führte am Talboden auf der Ostseite der Sylvenstein-Enge am Fels entlang herum und war oft genug überschwemmt. Blieb dieser Zustand über drei Tage hinweg bestehen, so marschierten die Faller über die Berge nach Fleck und Lenggries, um dringend notwendige Lebensmittel zu besorgen. Als die sich zurückziehenden Wehrmachts- und SS-Verbände im Mai 1945 die Straße am Sylvenstein mit einigen Sprengladungen unpassierbar gemacht hatten, wählten die vorrückenden Amerikaner denselben Weg: Sie postierten ihre Geschütze in Winkl und feuerten einfach blind über die Berge hinein ins Faller Tal. Die Faller waren den unberechenbaren Granaten schutzlos ausgeliefert und mußten schnell reagieren, sobald wieder eine über dem Bergkamm auftauchte. Trotz der Sprengkrater konnte man jedoch noch auf der Straße gehen. Zwei Faller Buben trieb die Neugier hin zum Sylvenstein, wo sie immer weiter schlichen. Als sie um ein besonders scharfes Eck herumbogen, sahen sie sich augenblicklich den Amerikanern nur wenige Meter gegenüber. Der erstmalige Anblick von schwarzhäutigen Menschen fuhr den Kindern derart in die Knochen, daß sie auf der Stelle umdrehten und erschreckt zurückrannten.

Schon beim spanischen Erbfolgekrieg war die Enge am Sylvenstein von Bedeutung:

Die Martersäule von 1865 wurde vermutlich anläßlich einer Viehseuche aufgestellt

1703 - wir erinnern uns an Adam Schöttl - wurde eine Abteilung Dragoner nach Tölz verlegt, um bei einem Eindringen des Tiroler Landsturms „südlich von Hohenburg Einhalt zu tun, derenthalben dort Verhaue angestellt und an der engsten Thalsperre, nämlich am Sylverstein ein Blockhaus aufgerichtet wurde". Nicht ohne Grund also stand in einer natürlichen Felsnische ein Kruzifix, gleichsam um Reisende zu Wasser und zu Lande vor den Gefahren an diesem exponierten Ort zu warnen und zu bewahren.

Bog man nun um den Sylvenstein herum ein in das Faller Tal, so kam gleich links ein freies Feld in Sicht, auf dem die langgestreckte „Urbanhütte" des Rauchenberger mit Unterkünften und Stall stand. Das deutsche Zollamt lag dort, wo die Walchen in die Isar mündete. Hier versah in den 20er Jahren der Zolleinnehmer Geiger sein Amt. Das österreichische Zollamt lag am Achenwald. So gesehen, konnte man das Faller Tal als „Niemandsland" bezeichnen. Es kam auch tatsächlich erst im Jahre 1489 zu einer Einigung zwischen den Herzogtümern Bayern und Tirol und dem Hochstift Freising darüber, daß Fall auf bayerischem Territorium liegt. 1891 wurde auf der anderen Straßenseite eine Gendarmeriestation errichtet, in die später die Grenzpolizei einzog. Auch die Gräflich Toerringsche Forstverwaltung, der hier neben Waldungen auch die Walchenstraße gehörten, unterhielt in der Nähe des Zollamts ein Jagdhaus. Hier wohnte der bei Toerring angestellte Jäger Martin Gschoßmann, ein mißtrauischer Zeitgenosse, der in jedem Holzarbeiter einen potentiellen Wilderer vermutete.

Erst hinter der Walchenbrücke begann das eigentliche Fall. Bedenkt man, daß ganz Fall im Jahre 1956, also kurz vor seinem Untergang, aus 17 Wohngebäuden und 3 Holzerhütten bestand, verwundert es ein wenig, daß die Faller ihren Ort in „Unterdorf",

Die Straße am Sylvenstein bei den ersten Vorarbeiten für den Dammbau war in früheren Zeiten oft unterspült worden

Von der Holzarbeit lebten die meisten Faller. Rechts das alte Zollamt

Das Marterl zum Gedenken an den Überfall auf den Postagenten Valentin Karl im Jahre 1928 steht etwa auf halbem Wege von Lenggries nach Fall

"Mitteldorf" und "Oberdorf" gliederten. Doch auf diese Weise schufen sich die hundert Faller Bürger eine einfache Orientierung, die sich nach natürlichen Gegebenheiten richtete. Das Unterdorf lag noch vor der Dürrachbrücke hinter dem Isaranger. Direkt hinter der Dürrachbrücke schloß sich das Mitteldorf an; das Oberdorf schließlich lag ein Stück Weges weiter bei einer Anhöhe an der Isar, dort, wo sich die berüchtigte "Grindel"-Flußenge und die darüber hinwegführende geschlossene Fußgängerbrücke befanden.

Im Unterdorf erreichte man als erstes Gebäude die sogenannte "neue Hütte", die 1923 erbaut worden war. Hier wohnte die Familie Tristberger. Daneben stand das Haus von Sepp Harbacher, der als Maschinist für die "Bockerln", die Loks der Waldbahn, zuständig war. Hinter ihm wohnte der Förster

Hans Lupberger. Alle Gebäude hier gehörten dem Forstamt, in dessen Dienst die Männer standen. Manche Häuser dienten der Unterkunft von Forstarbeitern, unter denen sich viele Wochenpendler befanden, so etwa die Forst- oder Steigmacherhütte. Hier lebte auch der zugezogene Forstarbeiter Max Weiß, der noch nach Neu-Fall mit umgezogen ist. Das letzte Anwesen vor der Dürrachbrücke mit Haus und Roßstall bewohnte der Fuhrunternehmer Hans Tretter mit seiner Familie. Tretter hatte sich aus seiner Angestelltenstellung als Roßführer beim Forstamt heraus selbständig gemacht. Seine Frau arbeitete im Oberdorf beim Hofwirt Kapfhammer als Zimmermädchen. Mit der "Bockerlhütt'n", in die zwei Geleise führten, auf denen die Loks abgestellt wurden, endete das Unterdorf. Zwischen der Bockerlhütte und dem Zoll-

Unterhalb des „Unterdorfs" lagen die Ganterplätze am Isarbett

Entlang der Ganterplätze verlief das Gleis der Bockerlbahn

Blick über die Dürrachbrücke auf das Oberdorf auf der Anhöhe

amt an der Walchenbrücke war es genau ein Kilometer Wegstrecke, wie die Hitlerjugend-Oberen ermittelten und ihre Schützlinge dort laufen ließen.

Die rechts der Dürrach das Tal herauslaufenden Gleise der Waldbahn führten an der Straße entlang durch das Unterdorf und weiter an der Straße in Richtung Walchen, wo am Isargries ein Ganterplatz nach dem anderen gegenüber dem 14 Tagwerk großen Isaranger lagen. Auch die Tiroler besaßen hier ihren Holzlagerplatz. Ein Wegkreuz mit dem Gekreuzigten und einer Madonna rief den Segen Gottes für die Arbeiter herab. Es steht heute - ohne Marienfigur - links der Alpenstraße, noch vor der Sylvensteinbrücke. Ein Gleis lief ab der Bockerlhütte über die Straße hinter die Häuser. Dort standen unbenutzte Wagen abgestellt, wo die Kinder mit Vorliebe spielten.

Hatte man die Dürrachbrücke überquert, so öffnete sich einem das Mitteldorf. Es wurde dominiert von der Schmiede und dem Wohnhaus von Franz und Hedwig Stettner. Der Schmied in Pacht beim Forstamt verfügte über ein eigenes Roßfuhrwerk und fuhr später eines der wenigen Autos in Fall. In früheren Zeiten gab es, bedingt durch die Gleis- und Holzarbeiten, viele Pferde, die vom Schmied versorgt sein wollten. Hedwig Stettner führte später in dem Gebäude einen Kramerladen. Ihre Nichte Frieda Todeschini stand ihr als Verkäuferin zur Seite. Neben Stettners wohnte die Familie

In Hedwig Stettners Laden gab es alles, was zu dem genügsamen Leben in Fall gehörte

Forstamt

An der langen Tafel im Biergarten beim Hofwirt wurde wohl so manche Wilderergeschichte zum besten gegeben

des Jägers Martin Heigl. Im Mitteldorf befand sich auch die Schreinerei des Forstamts, in der Schreinermeister Sepp Adlwarth arbeitete.

Beim Kohlhauf verfügte man über einen Pumpbrunnen, während viele der anderen Haushalte durch Quellen versorgt wurden. Kaspar Kohlhauf, der Bruder der Frau Harbacher, war Forstarbeiter. Seine Frau Waltraud führte später in Neu-Fall die Poststelle.

Vom Mitteldorf führten zwei Wege ins Oberdorf, einer entlang der Isar und einer etwas weiter im Feld, vorbei am „Zerwirkgewölbe" zum Forstamt, dem ehemaligen Jägerbauernhof. Beim Faller Hof trafen beide Wege wieder aufeinander.

Der Hof des ehemaligen Jägerbauern Schöttl war durch den Abriß des Wirtschaftsteils verkleinert worden. Im Erdgeschoß befanden sich das Büro des Forst-

amtsleiters, ein Roßstall und die Poststelle. Im Obergeschoß lag die Wohnung der Forstmeisterfamilie. Zum Forstamt gehörten auch der „Pflanzgarten", eine Fichten-Baumschule, und viele Wiesen. Die Anhöhe, auf der das Faller Oberdorf lag, hieß man das „Postbergl". Nachdem 1935 der Haider Martl, Nachfolger des Postboten Friedl, die Postkutsche zum letzten Mal das Postbergl hinaufgesteuert hatte, wurde die Post das ganze Jahr über mit einem großen Bus gebracht, nachdem er die Kutsche zunächst nur im Sommer abgelöst hatte. Das erste Postauto mit seinem Fahrer Biller war eine große Attraktion, bei der die Faller Kinderschar jedesmal zusammenlief. Frau Spanfellner, die Schwester von Förster Lupberger, führte die Poststelle. Die Straße führte weiter zum Faller Hof und bog dort nach links ab, um weiter der Isar bis Vorderriß zu folgen. Der Faller Hof

zählte in den letzten Jahrzehnten Alt-Falls mit seinen Wirtschafts- und Nebengebäuden sowie den elfeinhalb Tagwerk Grund zum Besitz der Großherzöge und -herzoginnen von Luxemburg, die ab 1870 auf Schloß Hohenburg residierten. An der Wand in der Wirtsstube waren eine Szene der Flößerei, die Faller Kirche und die Grindelbrücke aufgemalt. Seit 1901 führte der vorherige Postwirt von Vorderriß, Franz Kapfhammer, die Gaststätte, ab 1937 war dann nach dessen Töchtern der Metzgermeister Florian Linder aus Kreuth der Wirt. Seine Braut Monika war schon vorher als Köchin im Haus gewesen. Allerdings scheint der Faller Hof zwar das einzige, nicht aber das erste Haus am Platze gewesen zu sein. Bereits im Jahr 1921 konnte sich das Forstamt seinen Arbeitern nicht verschließen und setzte sich dafür ein, daß diese eine Konzession für den Betrieb einer eigenen

Kantine bekamen, weil sie sich von Kapfhammer nicht länger ausnehmen noch ab-
fällig anreden lassen wollten. Sie bekamen
die Konzession, aber nicht einmal ein Jahr
später wurde sie wegen Verstoßes gegen
die Polizeistunde und Schnapsausschank
wieder entzogen. Der Faller Hof indes, wie
anläßlich des Übergangs der Konzession
auf die Tochter Dora Moosburger im März
1935 vom Bezirksbaumeister in Tölz festgestellt wurde, war zwar „sehr geräumig (...)
Die Ausstattung läßt jedoch zu wünschen
übrig. Nachdem der Faller Hof aber der
einzige Gaststättenbetrieb in Fall ist, wird es
notwendig, dass auch die innere Ausstattung dem neuzeitlichen Fremdenverkehr
entsprechend erneuert und ergänzt wird."
Dazu gehörte neben neuen Anstrichen und
Ausbesserungen auch die Toilette: „Der
räumlich beschränkte Abort für Männer ist
mit einem neuen Klosett und das Pissoir mit
Wasserspülung zu versehen." An Räumlich-
keiten konnten 1 Gastzimmer, 1 Neben-
zimmer, 1 Speisezimmer, 1 Schenke, 1 Küche,
1 Speisekammer, 1 Keller, 4 Aborte, 1 Frem-
denstallung und 22 Fremdenzimmer auf-

*Die Postkutsche brachte bis 1936 Nachrichten
nach Fall und Vorderriß*

*Das Gasthaus „Faller Hof" geht zurück auf den
Rieschbauern*

Die Wirtin vom Faller Hof

gelistet werden. Anläßlich des Konzessions-gesuchs Florian Linders und seiner Braut Monika hielten die Lenggrieser Gemeinde-räte bei ihrer Beratung am 26. August 1937 fest: „Die Bedürfnisfrage ist hier nicht zu prüfen, da es sich um eine seit über 200 Jahren bestehende Wirtschaft handelt." Damit haben uns die Räte - auch wenn sie möglicherweise, ihrer Zeit folgend, allem und jedem eine lange Vorgeschichte an-zureimen versuchten - einen deutlichen Fingerzeig gegeben, wie lange auf dem Rieschbauernhof schon eine Bewirtung stattgefunden haben mag. Eine eigene Wasserleitung führte über die Grindel-brücke von einer Quelle am Falkenberg Wasser heran. Zum Hof gehörten eine kleine Landwirtschaft, ein kleiner Weiher

mit einer Waschküche, ein Eiskeller, das „Jägerhäusl" und das „Gamshäusl" direkt auf der Anhöhe über der Isar, ein „Salettl", ein Stall und ein Stadel. Im Winter wurde Eis vom gefrorenen Weiher geholt und im Eis-keller eingelagert. Es hielt den ganzen Som-mer über die Speisen kühl. So ließ sich dort auch das Wildfleisch, das im ebenerdigen „Zerwirkgewölbe" frisch nach der Jagd zerlegt wurde, länger aufbewahren. Doch am besten mundete es natürlich frisch. Für die Arbeiter gab es den Aufbruch, die besseren Stücke bekamen die Beamten. Der Auslaß des Weihers lief direkt durch das Waschhaus hindurch. Dort wurde die Wäsche gekocht und gesäubert, was be-sonders im Winter mit dem eiskalten Was-ser eine arge Schinderei war. Zwischen dem

Faller Hof und dem Forstamt befand sich noch das Schulgebäude, das ebenfalls zum Eigentum der Luxemburger gehörte. Es wurde im Jahre 1919 errichtet. Vorher gab es keinen Schulunterricht in Fall. In einer Klasse wurden alle Altersgruppen unter-richtet. Meistens waren Referendarinnen für die etwa 10 bis 20 Schüler zuständig. Lehrer Hüttl schließlich zog mit der Schule um nach Neu-Fall in das Gebäude, das uns heute als Gaststätte „Faller Hof" geläufig ist. Solange die neue Schule noch nicht gebaut war, gingen die bereits in Neu-Fall lebenden Schulkinder einen Steig hinunter nach Alt-Fall zur Schule.
Weiter entlang der Straße folgte nach der Schule der Stall des „Faller Hofes", und daran schloß sich das zweistöckige, ge-

Das Jägerhäusl direkt neben der Felsenenge war ein Nebengebäude des Faller Hofes

In einem anderen Nebengebäude des Faller Hofes wurde 1919 eine Schulklasse für die Faller Kinder eingerichtet

Die Marienkapelle innen mit dem Altar

Das „Oberdorf" mit Pflanzgarten, Kapelle, rechts daneben Pfarrhof, dazwischen Jägerbauer und links Faller Hof mit Nebengebäuden

mauerte Forstbedienstetenhaus oder „Beamtenhaus" an. Darin befanden sich Wohnungen für Forstbeamte. Dahinter stand das Haus, in dem der Jäger Treichl, Nachfolger des Jägers Kirchmayr, wohnte. Seine Tochter ist die später weltbekannte Skiläuferin Traudl Treichl, die von ihrer Mutter trainiert wurde und 1974 bei der Weltmeisterschaft in St. Moritz die Silbermedaille im Riesenslalom gewann. Nach dem Beamtenhaus stand bei der Straße die „Rieschentenne", bei der sich auch der Pflanzgarten des Forstamts befand. Im I. Weltkrieg wurden Frauen zur Arbeit im Pflanzgarten dienstverpflichtet. Frau Stettner und Frau Bülling haben dort gearbeitet.

Hier wurden die Fichten gezogen, die später im Forst eingesetzt wurden.

Im Oberdorf stand auch die Muttergotteskapelle mit einem Kuppelturm und zwei Glocken, die 1734 anstelle einer älteren Holzkapelle in Stein erbaut worden war. Im Innern befand sich eine Madonnendarstellung mit Kind, eine Gruppe um den Jagdpatron Hubertus, sowie Bilder der Heiligen Georg und Martin, auf Pferden sitzend. Bevor mit Pater Mohr ein Geistlicher ständig nach Fall kam, für den nach 1945 auch ein Pfarrhof aus Holz neben der Kapelle gebaut wurde, waren die Gläubigen von Lenggries aus, zum Teil aber auch von Achenkirch aus seelsorgerisch betreut

worden. Dann kam im Sommer ein Kooperator (Kaplan), um die Messe zu lesen. Im Winter war das gerade einmal im Monat der Fall. So sind die Faller nach eigenen Angaben ziemlich „kalt", ohne kirchliches Leben aufgewachsen. Sepp Tristberger verrichtete den Mesnerdienst.

Es war in den 20er Jahren nicht ungewöhnlich, daß ein Faller Schulbub während seiner Schulzeit genau dreimal nach Lenggries gekommen ist: Zur Erstkommunion und zur Firmung, und einmal stand in dieser Zeitspanne gewiß auch eine Beerdigung in der Nachbarschaft an, bei der ein Bub zum Kreuztragen gebraucht wurde. Denn die

Faller Toten liegen in Lenggries begraben. Sonst gab es wenig Grund, das Faller Tal zu verlassen. Und wie sah eine Erstkommunion auf Faller Art aus? Zwei Buben durften bei ihren Vätern auf dem Rad aufsitzen und so die 15 Kilometer nach Lenggries fahren. Während die Kinder die feierliche Erstkommunion empfingen, nahmen die Väter an einem Tisch im Gasthaus „Zur Traube" Platz. Als die Kinder nach dem Gottesdienst dort erschienen, wurde ihnen eröffnet, jetzt zu Fuß wieder nach Hause gehen zu müssen, denn die Väter nutzten ihre Aushäusigkeit zu einem ausgedehnten Wirtshausbesuch. Sie tauchten auch während des dreistündigen Fußmarsches der Jungen von Lenggries bis nach Fall nicht auf.

Die gedeckte Grindelbrücke diente sowohl Fußgängern als auch dem Vieh als Isarüberquerung

Wollte man auf der Straße von Fall weiter nach Vorderriß fahren, dann mußte man an einem Kontrollhäuschen des Forstamts eine Mautgebühr bezahlen, weil die Straße ab hier Forsteigentum war. Gleich dahinter führte nach rechts eine gedeckte Fußgängerbrücke über die schmale Isar beim Grindel zum Falkenberg hinüber. Drüben gelangte man im Sommer nach rechts auf einem Steig durch das Schronbachtal in die Jachenau, nach links führte ein Weg zur 600 bis 700 Meter entfernten Falkenberg-Fütterung. Die Isar bildete die Grenze zwischen dem Landgericht Tölz und dem Kloster Benediktbeuern. Es durfte jedoch Vieh von der Tölzer Seite auf die Benediktbeuerer Seite

auf die Weide getrieben werden. Jachenauer Bauern sind auch heute noch Grundeigner auf der Falkenbergseite im Faller Tal. Die Straße führte indes weiter zur „Neuwies", wo ein weiteres Wegkreuz stand. Das Kreuz steht heute gegenüber der Einfahrt nach Neu-Fall. Der Neuwies wurde wegen ihrer buckeligen Oberfläche die Legende zugedacht, der Ort von Hunnengräbern gewesen zu sein. Dann ging es weiter entlang der Isar.

Bis in die Riß

Von der Vorderriß, wo der Rißbach einst ebenso kräftig wie die Isar selbst in diese

einmündete, wurde viel Holz aus dem Rißtal geflößt. Im Zuge eines Schlagrechtstausches zwischen Bayern und Tirol durften die bayerischen Holzer auch die Wälder auf tiroler Boden in der Hinterriß nutzen. Die Angestellten der Luxemburger sowie Mittenwalder und Risser Holzer haben hier gearbeitet. Mittenwalder Forstarbeiter trifteten vom Fermersbach und vom Fischbach her. Mittels eines Senkbaumes wurde getriftetes Rundholz in der Vorderriß gesammelt und aufgelesen.

Mit seinen lediglich 30 ständigen Bewohnern ließ sich hier noch eher als in Fall der Wunsch adeliger Herrschaften nach der Bergeinsamkeit verwirklichen, verbunden

An der „Neuwies" vorbei führte eine Forststraße in die Riß

mit ausgezeichneten Jagdmöglichkeiten. War es im 15. und 16. Jahrhundert noch die Bärenjagd, die etwa Herzog Wilhelm von Bayern reizte, so lockte später das Rotwild viele hochwohlgeborene Jagdgenossen in die Gegend.

Die Jagdgründe wurden von der Herrschaft mit ganz besonders scharfen Augen bewacht, hier wollten sie das Volk nicht teilhaben lassen an der „jagerischen Freud". Je schärfer die Restriktionen für unerlaubt geschossenes Wild wurden, umso mehr verbreitete sich die Kluft zwischen den Jägern, gewissermaßen die Polizei des Waldes, und den Menschen, die diesen Vorenthalt von Fleisch aus den wildreichen

Gründen ihrer Heimat nicht hinnehmen wollten und sich holten, was sie sich zugestanden. Jäger und Wilderer waren die „Kriegsparteien" im „Schauplatz" Wald. Hans Fuchs hat in seinem inzwischen vergriffenen Buch über die Jagdwilderei beleuchtet, worin der Sinn der Jagd eigentlich bestand: „Bei der Jagd ging es nicht um Fleisch und Haut, sondern um das lustvolle Tun. Im edlen Wild sah der Edelmann seinesgleichen, mit dem er sich in der Jagd maß. Darum mußte sie dem gemeinen Mann verboten sein. Der gemeine Mann hat das nie begriffen. (...) Die Revolte gegen diese Ungerechtigkeit hieß 'Wildern'". Daß die beiden Parteien irgendwann keine Rück-

sicht mehr walten ließen, belegen die allseits bekannten und mehrfach publizierten Geschichten von der nächtlichen „Seeschlacht", bei der die Jäger aus dem Hinterhalt auf ein Floß mit Wilderern und ihrer Beute schossen, oder dem Fall des Jägers Kaspar Grimm, der im Buchsteingebiet vier Lenggrieser beim Wildern erwischte und einen von ihnen mit einem Schuß tödlich verletzte, um daraufhin selbst erwürgt zu werden. Es wurde indes nicht immer gleich gemordet. Eine andere bekannte Strafe für die Wilderei war es, den Wilderer an einem Ohr an einen Baum zu nageln. Feine Sitten allemal.

Im Forstamt von Vorderriß verbrachte von 1867 bis 73 der Heimatdichter Ludwig Thoma die ersten sechs Jahre seines Lebens, als der Vater Max Oberförster von Fall war. Er verfaßte später die Geschichte mit den wildernden Halsenbuben, die von den auflauernden Jägern in Vorderriß beschossen wurden. Thomas Vater hatte den Vorgang protokolliert. Links hinter dem Forsthaus befand sich die Wildfütterung. In der unberührten Auenlandschaft der Isar soll das Rotwild im Winter noch bis nahe München gewandert sein, bevor man es durch die Wildfütterungen im Gebirge halten konnte. Um die Tiere fern der Fütterungsstellen zu versorgen, schnitten die Forstleute im Wald Tannen um und ließen sie liegen. Man nannte diese deshalb „Wildtannen". Tannen konnten als Holz

Das „Jägerfahrzeug" ließ sich auf den Schienen mittels einer Hebeanlage wenden

Jäger und Wilderer kamen sich bisweilen in die Quere.
So manche Tragödie wurde darüber niedergeschrieben

nicht vermarktet werden; der Holzhandel betraf zum größten Teil nur die Fichten. Das Forstamt beschäftigte viele Saisonarbeiter aus Niederbayern und dem Bayerischen Wald, die hier im Frühjahr Fichten setzten.

Leben und Arbeiten

In Fall arbeiteten drei Arbeitergruppen: Die Holzknechte, die „Kulturer" und die „Baraber". Damit war die Arbeiterschaft kurz und bündig genannt. Die „Baraber" stammten noch aus der Zeit des Bahnbaus in das Bächental; so bezeichnete man die

Gleisbauer. Die „Kulturer" dagegen waren die Steigebauer. Das Faller Forstamt war zu jener Zeit das größte in ganz Bayern und weit über Fall hinaus auch der größte Arbeitgeber im Gebiet. Neben den vielen Forstarbeitern und -angestellten beschäftigte das Forstamt auch Schreiner, Zimmerer und einen Roßführer. Außer den etwa 20 Familien lebten hier auch viele Wochenpendler - Holzer und Steigemacher, die großenteils in Holzerkobeln und Buden des Forstamts wohnten. Die meist ledigen Holzer kamen mit dem Rad oder dem Bus aus Lenggries, Gaißach oder Wackersberg

und arbeiteten im Wald. Wenn sie nicht auch dort in Kobeln gewohnt haben, dann in einer der drei Arbeiterhütten des Forstamts an der Dürrach, ein Stück hinter dem Unterdorf. Das Wochenende verbrachten sie zuhause bei ihren Familien. Unter Forstmeister Diem wurden in den 40er Jahren viele Häuser umgebaut und die Wohnungen für die Arbeiter modernisiert. Er hat mehr als seine Vorgänger Spengler und Sieber und sein Nachfolger Lüttich darauf geachtet, daß die Arbeiter bessere Wohnungen bekamen. Als Tagelöhner standen die einfachen Holzer unter den

Holzknechten, die im Akkord arbeiteten. Die Jäger standen gesellschaftlich wiederum unter den Förstern, denn zu einem Förster brauchte es schon die Mittlere Reife.

Fall hatte eine eigene Stromversorgung. Ein Dieselaggregat erzeugte Gleichstrom mit 110 Volt Spannung. Das Aggregat lief tagsüber und lud dabei auch Batterien auf, die Strom für die Nacht speicherten. Als in der letzten Zeit der Diesel knapp wurde, ließ man in einem Schuppen eine schwere Lokomotive mit Holzvergaser für die Faller und Vorderrisser Stromversorgung laufen. Die große österreichische Lok hatte sich als zu schwer für die Waldbahn erwiesen - sie drückte die Gleise auseinander.

Es gab zwei Wasserreserven: Oberhalb der Grindel befanden sich Quellen für das obere Dorf, während die Versorgung des Unter- und Mitteldorfes durch einen gemauerten Hochbehälter links der Wildfütterung beim „Fleck" sichergestellt wurde. Der Behälter wurde aus dem Gebiet „Teller Brand" am Jägerbergl gespeist.

„Wenn der richtige Wind eini kimmt, nacha fallt ois um".

1924 war ein verheerender Windbruch am Dürrnberg zu beklagen. Der „Moar" von Wackersberg konnte auf seine Alm im betroffenen Gebiet nicht mehr auftreiben, so schlimm sah es aus. Um das viele umgeworfene Holz des 100-jährigen Misch-

Der königliche Oberförster Max Thoma war der Vater des Dichters Ludwig Thoma

Das Forsthaus „Aquila" im Bächental. Nicht weit von hier befanden sich die Bächentalklause und das Ende der Waldbahn

waldes zu bergen und weiterzuverarbeiten, wurden viele zusätzliche Holzer aus dem Chiemgau verpflichtet. Einige sind ihr Leben lang im Isarwinkel geblieben, z.B. Max Weiß, Franz Landthaler und Gustl Lehrberger. Wegen des Windbruches wurde damals auch die schon bis unterhalb des Dürrach-Rechens am Schürpfengraben führende Transportbahn bis zur Bächentalklause verlängert.

Auch am Krottenbach, am Moosenbach, am Edelbach und am Kotzenbach bestanden Triftklausen. Der beim Forstamt angestellte Zimmerer Kaspar Pauli baute mit der Hilfe von Holzknechten viele Klausen.

Die Bächental-Klause hatten die Tiroler etwa 500 Meter taleinwärts des Forsthauses „Aquila" (lat. „Adler") erbaut. Sie wurde geschlossen, um im Oberlauf der Dürrach eine große Wassermenge anzustauen, in die man die gefällten Baumstämme warf und bis zur Klause treiben ließ. An der Klause gab es einen seitlichen Auslaß, an dem man die angetriebenen Stämme herausholen und auf die Bahn verladen konnte. So nutzten die Tiroler die Klause. Wollten die Faller ihre unterhalb der Klause geschlagenen Bäume triften, dann öffneten sie dazu die Klausentore und ließen das gesamte Wasser in einem Schwall herausströmen, so daß es die Stämme mit sich riß. Der dabei verursachte bedrohliche Lärm kündigte die tödliche Gefahr wild trudelnder Baumstämme talabwärts an, so daß die in den Gumpen der Dürrach badenden Faller noch das Weite suchen konnten. Als erstes kam schmutziges Wasser heruntergeschossen, dann folgte die Flutwelle mit ihrer Holzfracht. Am Dürrach-Rechen in Fall, den ein Hochwasser später hinweggespült hat, wurde das Holz herausgefischt.

Mit der Bahn konnten die Stämme schneller abtransportiert werden. Die heutige Straße verläuft zum großen Teil entlang der damaligen Bahn. Die Gleise wurden abmontiert.

Ab dem „grünen Fleck" verlief die Trasse auf tiroler Gebiet. Der „grüne Fleck" war ein großer Lagerplatz, an dem die verschied-enen Gleise mit den unterschiedlichen Spurweiten der Bayern und der Tiroler einliefen. Hier mußte jedesmal umgeladen werden, bis die tiroler Gleise endlich den bayerischen angeglichen wurden. Eine Vereinbarung zwischen Tirol und Bayern besagte, daß die Tiroler die bayerische Bahn von der Klause bis zur Landesgrenze benützen durften; im Gegenzug erhielten die Bayern das Nutzungsrecht auf die Klause für ihre Zwecke.

An der Landesgrenze übernahm das Forstamt die tiroler Holzfuhren. Tirol hatte für die Ausfuhr eine Sonderregelung erlassen, denn üblicherweise durfte kein österreichisches Rundholz ins Ausland verkauft

Arbeiter fischten an der Klause ihre angetrifteten Rundhölzer heraus. Sie erkannten es am „Holzmarchzeichen", einer Brandmarkierung

werden, damit die Weiterverarbeitung bei der landeseigenen Industrie verblieb.

Die relativ schwache Diesel-Lokomotive diente nur dazu, die leeren Transportwagen - oder die mit einer vornehmen Jagdgesellschaft besetzten Personenwagen - in das Bächental hinauf zu schieben. Herunter rollten die vollgeladenen Holzzüge von selbst. Allerdings mußte das „Bockerl" die Wagen zwischen dem „grünen Fleck" und der „Moar-Alm" wegen des schwachen Gefälles auch bergab schieben. Dort war dann die „Moaralm-Ausweich", an der zwei Züge aneinander vorbei fahren konnten. Der größte Gefahrenpunkt der Strecke war das große Gefälle ab der Dürrach-Hochklamm über das „Gschwandtnerleger" bis zum Schürpfengraben. Dort kam es nicht selten zu gefährlichen Szenen, bei denen nicht nur Schaden an Material und Ladung, sondern auch tödliche Unfälle zu beklagen

Die Bächentalklause mit offenen Toren. Auf einen Schlag strömte das angestaute Wasser das Tal hinunter und nahm gefällte Baumstämme mit sich

Prinzregent Luitpold reitet mit seinem Gefolge zur Jagd

Auch Reichspräsident Paul von Hindenburg ging von Fall aus mit seinen Begleitern auf die Jagd

waren. Hans Bülling kam dort bei einem Unfall im Jahr 1932 auf nassen Geleisen ums Leben, als der gesamte Wagenzug und die aufgeladenen Stämme ins Rutschen kamen. Er war nicht der einzige, der, noch auf einem Wagen stehend, beim Versuch, mit dem Kurbelrad die Bremse zuzudrehen, von nachrutschenden Stämmen erdrückt worden ist. Damals gab es noch keine Bestimmungen; Holz wurde „aufgelegt, was 'gangen is". Die Stämme verkaufte man erst am Isaranger ganterweise. Der Käufer, Firmen wie Moll und Moralt, beauftragte dann einen Floßunternehmer mit dem Transport.

Einen ganz anderen Wert verkörperten die Wagenladungen, wenn einmal eine edle Jagdgesellschaft mit Prinzregent Luitpold, Kronprinz Ruprecht oder Reichspräsident

Paul von Hindenburg eintraf. Um 1940 herum war es dann Heinrich Himmler, der diese Gepflogenheit fortsetzte. Wenn Forstamts-Maschinist Harbacher mit seinem Bockerl die Herrschaften in die Jagdreviere im Bächental zog, war das für alle, die es mitbekamen, eine willkommene Abwechslung vom Alltag, ein Einblick in eine andere, eine glänzende Welt. Und das eine oder andere Geldstück „blieb dabei auch hängen".
Zwischen Schürpfengraben und dem Faller Unterdorf war die Waldbahn-

Werkstatt und -Unterstellhütte, genannt „Glocknhüttn", weil dort die Glocke hing, mit der die Straßenbenutzer vor dem an den Bahnübergang heranfahrenden Zug gewarnt wurden. Später standen dort die drei Arbeiterhäuser des Forstamts.

In der Kriegszeit lebte für eine kurze Zeitlang in Fall die vergangene Kunst der Köhlerei, die noch für Ludwig Ganghofer ein ganz selbstverständlicher Teil des Faller Erwerbslebens war, wieder auf. Weniger für den Eigenverbrauch - Brennholz war in Fall ja genügend vorhanden und die Maschinen hatten Holzvergaser - als vielmehr für die Kriegsindustrie, in diesem Fall die Südchemie-Werke vor München, wurde aus Holz Kohle gebrannt und mit dem Floß isarabwärts befördert. Dazu waren aus der Münchner Max II.-Kaserne kriegsverwundete Pioniere abkommandiert worden. Sie mußten ihr Holz selbst „arbeiten" und brannten dann bei der Glockenhütte in zwei bis drei Meilern Holzkohlen. Ein Meiler stand auch auf der Wiesalm.

Zur Zeit des Dritten Reiches gab es auch Spitzel in dem so weltfern scheinenden Fall. Sie schlichen nachts zwischen den Häusern herum, um die Hörer verbotener Radiosender aufzuspüren und die Einhaltung der Verdunkelung zu überprüfen.

Die Flößerei lag in den Händen von Lenggrieser und Tölzer Flößern. Sie kamen mit einem Fuhrwagen, auf dem sie ihr Material herbeischafften, um in Fall oder Vorderriß Flöße zu bauen. Die Fuhrwerke waren bei ihrem Rückweg eine beliebte Gelegenheit, um im Herbst „ein Futter" Wildbret mitzugeben. Noch in den 30er Jahren wurde ab Vorderriß geflößt. Bekannte Wegscheider Flößer waren der Kraus, der Heidacher und der Landerer „Damä" (Thomas). Über den Isarwinkel hinaus bekannt wurde der Flößer Franz Xaver Taubenberger, der später scherzhaft, aber nicht ganz ohne Stolz aufzählen konnte: „Triftmeister, Floßmeister,

50 Pfennig kostete in den 40er Jahren der Eintritt zur Wildfütterung

Bürgermeister". Taubenberger kämpfte in der ersten Reihe mit an der politischen Front gegen die schmerzhaften Isarwasser-Ableitungen Ende der 40er Jahre. Neben ihm war auch der Lenggrieser Georg Willibald, der „Seilä" Irgl, ein bekanntes Gesicht an der Faller Lände. Nach der Ableitung des Rißbaches im Jahr 1949 wurde das geschlagene Rundholz mit Lastwagen weitertransportiert. Im Zuge des Baus der Rißbachableitung wurde auch die bisherige Gemeindestraße von Lenggries nach Fall zu einer Kreisstraße umdeklariert und für die zunehmende Belastung ausgebaut.

Zu essen gab es im Faller Tal hauptsächlich Mehlspeisen. Obgleich die Wildfütterungen mit hunderten Stück Vieh einen reichhaltigen Tisch erwarten ließen, war Wildfleisch auch für die Faller Arbeiter eine Rarität, die es nur zu Weihnachten gab, ein Geschenk vom Forstamt. Daneben konnte es sein, daß einmal ein Aufbruch abfiel, aber insgesamt war die Ernährung nicht abwechslungsreicher und gehaltvoller als anderswo auf dem Land auch. Fleisch war sonst nur beim Wirt zu haben, nur er hatte mit seinem Eiskeller überhaupt die Möglichkeit, Speisen aufzubewahren. Was an Landwirtschaft getrieben wurde, diente dem eigenen Bedarf. Das Land war dazu ohnehin nicht allzu geeignet. Was in einem kleinen Nutzgarten gedieh, war ein begehrter Zusatz zu Brot und Mehlspeise. Milch von Ziegen hatten alle, Milch von Kühen nur wenige. Erst in

den 30er Jahren hielten sich mehrere Familien eigene Kühe. Ein bißchen Kartoffelanbau bescherte willkommene Abwechslungen auf dem Speiseplan. Von ein paar Hennen gab es Eier. Die Vorratshaltung war unüblich in einer Zeit, die weder ein großes Angebot noch den Kühlschrank kannte.

Die geringe Mobilität der im Lenggrieser Gemeindebereich ja weit verstreut wohnenden Menschen zog seitens des Gewerbes eine verstärkte Flexibilität nach sich. So konnte man z.B. Sonntags einkaufen. Die Metzgereien und anderen Ladengeschäfte profitierten davon, daß die am Sonntag aus der weitläufigen Pfarrei in den Hauptort Lenggries hereinströmenden Kirchgänger danach auch gleich die nötigen Einkäufe erledigen wollten.

In der Natur zu baden war nicht nur ein Freizeit-Luxus, sondern ein wichtiger Bestandteil der Körperhygiene. Baden konnte man eigentlich überall, aber die Dürrach bot dafür die nächste Gelegenheit. Sie hatte

einige Gumpen anzubieten, in die man eintauchen konnte. Wer darüberhinaus ein bißchen schwimmen wollte, der war an der wärmeren Walchen besser zuhause. Dort waren die größeren Eintiefungen zu finden. Die Isar dagegen war vergleichsweise kalt. Sie hatte aber unterhalb des Jägerhäusls große Gumpen ausgebildet, in denen man die Pferde waschen konnte.

Geselligkeit

Die Bewohner von Fall waren zu einem Großteil Saisonarbeiter und Pendler, die häufig wechselten. Insofern waren die Voraussetzungen für feste Körperschaften denkbar schlecht. Trotzdem gab es Einrichtungen, die sich aus der Bewohnerschaft selbst heraus entwickelt haben, die eine mehr dem gemeinschaftlichen Nutzen und der Sicherheit dienend, die andere mehr der Unterhaltung wegen.
Bei der Freiwilligen Feuerwehr waren im großen und ganzen alle Männer Mitglied. Das lag schon im eigenen Interesse. Mit einer Handpumpe wappneten sie sich vor dem Unglück des Brandes, der in dem holzreichen Gebiet reiche Nahrung vorgefunden hätte.
Eine Wintergaudi war das Schießen der Schützengesellschaft „Bergeslust". Im zimmerbreiten Gang des Faller Hofes schossen die Mitglieder um die Wette. Im Jahre 1928 oder '29 fand sogar ein Gau-

schießen in Fall statt. Die „Bergeslust" hat Geschichte: Bereits im Tölzer Pflegbuch von 1584 ist von den Faller Schützen die Rede, als es darum ging, am 6. November 1583 mit ihrer und der Rothenrainer Schützen Hilfe im Namen Herzog Georgs die abtrünnigen Bewohner der Reichsherrschaft Hohenwaldeck wieder katholisch zu machen. Eine Art Faller Kreuzzug also: „Item den 15. Mai Auf fürstl. Bevelch die Schitzen zum Fall und Rotenrain Eilends Abgefordert Auf die Raiß nach Mieschpach wegen der sektischen Unterthanen."
Heute trifft sich die in den 60er Jahren wiedergegründete Schützengesellschaft unter der Sakristei der Faller Kirche. Pfarrer Kell, der Nachfolger von Pater Mohr, war ein begeisterter Schütze gewesen, und auch der heutige Lenggrieser Pfarrer Maier ist Mitglied.
Zum Ende des 19. Jahrhunderts gab es auch eine Fohlenaufzuchtanstalt des „Vereins zur Förderung der Pferdezucht" in Fall.
Im Fasching waren die Wirtshäuser von Fall und Vorderriß ein besonderer Anziehungspunkt. Denn während in Lenggries das 40-stündige Gebet am Faschingssonntag jegliche Form von Lustbarkeiten untersagte, fanden in der Vorderrisser Post und am Rosenmontag im Faller Hof die Hausbälle statt, zu denen die Lenggrieser busweise ausbüchsten, um dann am Faschingsdienstag wieder in Lenggries zu sein, wo der Kehraus gefeiert werden durfte.

Eine kleine Gruppe von Gläubigen zieht in einer Prozession am Fronleichnamstag über die Wiesen und Wege von Fall

Sobald der Winter kalt genug war, traf man sich zum Eisstockschießen

Die Jäger hatten um Fall herum ein weiträumiges Revier zu betreuen

Die Faller Kinderschar spielte auf den Dorfstraßen und mit den abgestellten Loren der Waldbahn

Carl-Josef von Sazenhofen

Über das gewerbliche Leben an der Isar

Kein Flößer, der auf der alten Wasserstraße der Isar mit seinem Floß von Mittenwald zur Faller Klamm kam, hätte je ahnen können, daß sich einmal über der gefährlichen und berüchtigten Flußenge unterhalb der Faller Klammbrücke, nur wenige Meter nördlich der heutigen Brücke, ein See erstrecken würde, der nichts mehr von den einstigen Gefahren verrät. Schon im Jahr 1280 wurden die Stromschnellen der Isar „zwischen herandrängenden Felsen" von den Flößern erwähnt. Kein Wunder, daß mutige Flußbaumeister immer wieder versuchten, die Gefahrenstelle durch Sprengungen zu beseitigen. Bereits 1303 mußten die Münchner 59 Pfund, 3 Schilling und 27 Pfennige für den Ausbau der zu engen Floßrinne von Fall bezahlen. Das war damals sehr viel Geld! Um die Unterhaltung der Fahrrinne zu finanzieren, wurde deshalb ein „Grintlzoll" erhoben, der zeitweise an der Mittenwalder Lände, meist jedoch am Münchner Isartor erhoben wurde. Er brachte dem Stadtsäckel im Jahr 1360 62 Pfund und 4 Schillinge ein.

Das Mittenwalder Schutzgeleit für die Flöße ging bis Fall. Da die obere Isar damals sehr viel Wasser abführte, wurde die Fahrt der Flöße kräftig beschleunigt. Bei Fall kam es wegen einer Verengung des Isarbettes auf fünfeinhalb Meter und starker Stromschnellen oft zu schweren Unfällen. Die ersten Sprengungen wurden im 15. und 16. Jahrhundert durchgeführt, nachdem der

Die Flößerei auf dem einst reißenden Gebirgsfluß Isar erforderte viel Geschick, Erfahrung und Kraft

Wasserspiegel der Isar zu sinken begonnen
hatte und die Felsen im Flußbett immer
weiter hervortraten. So wurden an der
Faller Klamm im Jahre 1404 durch den Steinbrechermeister Peter, in der Riß 1531 durch
den Fästl von Mittenwald und im gleichen
Jahr durch den Schöttl in Fall am „Sulverstein" Sprengungen vorgenommen. Diese
Arbeiten waren zur Sicherheit der Flößer
dringend notwendig geworden.

Die Flußenge wurde zwar mit jedem neuen
Sprengversuch mehr und mehr entschärft,
aber völlig beseitigt werden konnte die
Gefahrenquelle bis zur Durchfahrt des
letzten Floßes mit dem Bau des Sylvensteinspeichers nie. Dabei gab es im Mittelalter
bis hinein ins 19. Jahrhundert unzählige Floß-
ladungen, die von Mittenwald herüber-
kamen, um die verschiedensten Waren isarabwärts nach München und von dort zur
Donau und manchmal auch bis zum
Schwarzen Meer zu transportieren.

Ab dem 13. Jahrhundert bekam die Isar
für das gewerbliche Leben der dortigen
Flußanwohner immer mehr wirtschaftliche
Bedeutung. Flößer, die bereits seit Beginn
des dreizehnten Jahrhunderts die Isar als
Wasserstraße zum Transport ihrer Waren
aus dem Süden nutzten, hielten ihre

Holzarbeiter posieren auf einem „Fuchs".
Baumstämme haben sich ineinander verkeilt, so daß
sie nicht weiter hangabwärts gleiten können.
Das Lösen eines Fuchses war eine der gefährlichsten
Arbeiten für die Holzer

Bild oben links:
Der „Ferg" war der Führer eines Floßes.
Er mußte abschätzen, welcher Flußarm weiterführte

Bild oben rechts:
Mit viel Kraft mußte ein festgefahrenes Floß
angehoben werden

Bild links:
Getriftete Stämme wurden in der Vorderriß mit
Hilfe von Pferden zu großen Gantern aufgerichtet

Floßtafeln oft zur Rast in Fall an, um noch weitere Handelsgüter aufzunehmen und im dortigen Wirtshaus einzukehren.

Außer den Waren aus Italien, wie Wein, Korbwaren, Südfrüchte und Stoffe, kamen als Handelsgüter Kalk aus den Kalköfen zwischen Mittenwald und Fall, sowie Wildbret, Holzkohlen, Brenn- und Schnittholz, Bier, Pech-Erzeugnisse und das im Bächental vorkommende Steinöl. Dieses seit 1908 im einzigen Steinöl-Bergwerk der Welt, im Tiefenbachtal, einem Seitental der Dürrach, gewonnene Steinöl ist nach wie vor bis in unsere Zeit ein beliebtes Mittel gegen Rheuma-, Gelenk- und Muskelschmerzen sowie gegen Hautkrankheiten.

Seinen Höhepunkt erreichte der Floßverkehr auf der Isar im zweiten Drittel des 19. Jahrhunderts. Manches Flußhindernis mußte dabei überwunden werden, wie etwa bei Niedrigwasser das Fahren in einen „Sack". Vielfach blieb den Flößern nichts anderes übrig, als ihre Last zu entladen oder sogar ihre Floßtafeln zu zerlegen. Nicht selten half auch ein einfaches Mittel: nämlich den Fluß aufzustauen, indem man unterhalb des Floßes Steine in das Flußbett warf. Die Männer mußten dann manchmal stundenlang im eiskalten Wasser mit dem Sapin oder mit Stangen arbeiten, um ihr Floßfahrzeug wieder freizubekommen. Über die Isar kamen - in der Regel erst ab Tölz - nicht nur Waren- sondern auch Passagierflöße mit gedeckten Hütten, in denen gekocht

Die einpendelnden Holzer lebten während ihrer Arbeitswoche im Gebirge in rindengedeckten „Kobeln" im Wald

und gegen besondere Bezahlung auch übernachtet werden konnte. Die wöchentlich zu einem festen Zeitpunkt ab dem Tölzer Bruckbräu abgehenden Passagierflöße hießen „Ordinariflöße", weil sie nach einem Fahrplan verkehrten. Das lateinische Wort „ordinarius" bedeutet „regelmäßig". Eine solche Fahrt von Mittenwald bis nach Wien dauerte etwa 35 Stunden.

Der enorme Holzreichtum der Wälder war neben der Jagd für die Bewohner der Faller

Gegend seit jeher von besonderer Bedeutung. Mit dem Fällen der Stämme an den Berghängen, dem oft sehr schwierigen und gefährlichen Abtransport zu den Ganterplätzen am Fluß und dem Verfrachten des Holzes mit Hilfe von Flößen zu den unterhalb liegenden Dörfern und Städten waren Berufsgruppen beteiligt, die sich für die obere Isar charakteristisch zeigten.

Die Holzer von Fall und Vorderriß verbrachten in frühester Zeit oft wochenlange

Am Faller Ganterplatz hatte jeder Holzhändler seinen Bezirk, in dem er sein Holz in „Gantern" lagerte und an Interessenten verkaufte. Der Holzkäufer suchte sich dann einen Floßunternehmer für den Transport

Aufenthalte in den Bergen. Die Wiegensäge und die Axt zählten dabei zu ihren wichtigsten Werkzeugen. Um sich vor Wind und Wetter zu schützen, wurde meist ein Kobel gebaut - eine niedrige Rindenhütte. Das Dach reichte bis zum Boden. Durch eine verhältnismäßig kleine Öffnung im Giebel konnte der Rauch abziehen, denn in diesen sehr einfachen Unterkünften mußte auch gekocht werden.

Die Nahrungszubereitung wurde dabei so einfach wie möglich gehalten. Über der aus Stein gebauten „Ofenplatte" stand die Pfanne auf einem Eisengestell. Dort wurde der Mehlschmarrn mit Wasser und Schmalz zubereitet. Für die Nachtruhe diente den Männern ein Lager aus Fichtenzweigen, das mit Heu gepolstert war. Durch Lodenkotzen oder Wolldecken hielten sie sich vor den unangenehmen Kälteeinbrüchen warm, mit denen die Männer auch im Sommer immer

wieder fertig werden mußten.

Wer der schweren Arbeit des Holzfällens in den Wäldern nachgehen mußte, der brauchte schon eine eiserne Gesundheit und eine gute Kondition. Während die Wiegensägen zum Umschneiden der Stämme dienten, wurden die Äste mit der Axt vom Stamm getrennt. In der Regel wurden die Bäume auch gleich an Ort und Stelle mit der „Reit" entrindet.

Für den Abtransport ins Tal gab es verschiedene Techniken, die sich in erster Linie nach der jeweiligen Jahreszeit und der Lage des Holzschlags richteten, vor allem aber auch nach der Erfahrung und der Geschick-

lichkeit der Holzer. Das Verfrachten der Stämme durch Pferde- und Rindergespanne, aber auch im Winter mit Hilfe von „Schnabler-Schlitten" konnte nur im mäßig steilen und flächigen Gelände vorgenommen werden. In felsverblockten Gegenden jedoch blieb oft nur die Möglichkeit, die Stämme über sogenannte „Würfe", „Loiten" - auch „Luiten" - oder mit der Axt errichtete „Riesen" abzutransportieren. Als „Wurf" bezeichnete man eine Waldschneise, über die die Stämme zu Tal gleiten konnten. War diese einfache Art des Abtransports nicht möglich, so wurden Rinnen aus mehreren dünnen Stämmen fest mit

Bild links:
Kunstvoll gezimmerten „Rutschbahnen"
für Baumstämme glichen die „Riesen"

Bild rechts:
Holzerportrait fürs Familienalbum

Wo es das Gelände erlaubte, wurde das geschlagene Holz im Winter mit Pferde- oder Ochsenschlitten aus dem Gebirgswald bis an das nächste Triftgewässer gezogen

dem Erdboden verbunden. Über diese „Loiten" schoß das Holz dann beinahe wie von selbst zu Tal. Mußten jedoch tiefe Felseinschnitte oder gar Täler überquert werden, dann blieb den Holzern nichts anderes übrig, als eine „Riese" zu zimmern. „Riesen" waren kunstvolle Holzgerüstkonstruktionen, die einen Abhang oft meterhoch überspannten. Auf ihren Kronen trugen sie U-förmige hölzerne Rinnen aus schlank gewachsenen Holzstämmen, über die die geschlagenen Bäume zu Tal gleiten konnten. In früheren Zeiten wurden dazu nur der Bohrer, Holzstifte, Holzkeile und elastische Ruten verwendet.

Eine weitere Möglichkeit, das Holz aus unwegsamen Gebieten bis zu den Ganterplätzen am Flußufer abzutransportieren, bestand darin, das Wasser der Wildbäche zu nutzen. Da die Bachläufe jedoch in der Regel zu wenig Wasser führten und meist mit Steinen verblockt waren, mußten Staustufen mit sogenannten „Klausen" errichtet werden. Eine der bekanntesten Staustufen in der Gegend dürfte die Bächental-Klause gewesen sein, deren Überreste noch heute zu finden sind. Meist bestanden die „Klauswände" aus übereinander befestigten Baumstämmen, deren Zwischenräume mit Moos und Lehm abgedichtet wurden. Ein

Tor oder mehrere Tore, die mit einem Schlag geöffnet werden konnten, ermöglichten es, den Klaussee mit Hilfe eines kunstvollen Mechanismus aus Hebeln und eines Hammers an einem langen Stiel mit einem Schlag zu öffnen, so daß die Wasserflut die unterhalb im trockenen Bachbett lagernden Stämme mit sich reißen konnte. Schon vorher hatte jeder Waldbesitzer seine Stämme mit den ihm eigenen Holzmarchzeichen versehen. Die Holzmarchzeichen bestanden aus Folgen von Kerben, die aus einem „Bick" (dreieckige Kerbe) und einem „Strich" (senkrechte Kerbe) bestanden. Auf diese Weise konnte jeder Waldbesitzer sein Holz am „Rechen" neben dem Ganterplatz im Tal wiedererkennen.

Schwere Unfälle blieben bei diesen gefährlichen Arbeiten natürlich nicht aus. Zahlreiche Marterl erinnern noch heute an den Ufern der Bäche und in den Wäldern an diese traurigen Ereignisse, die oft eine ganze Familie in den finanziellen Ruin trieben. Besonders gefährlich wurde es, wenn sich die Stämme während der Trift in einer Schlucht verblockten und sich ein „Fuchs" bildete. Mutige Trifter - den Kopf gegen Steinschlag mit einem Kissen geschützt - wurden dann von oben abgeseilt, um den Verhau in der Tiefe mit Hilfe von Stangen oder einer Axt zu entwirren.

Da der Abtransport durch die Trift jedoch mit großen Holzverlusten durch den Abrieb an den scharfkantigen Felsen oder durch Bruch verbunden war, kam man im Bächental am Anfang des 20. Jahrhunderts auf den Einfall, das Holz mit Hilfe einer kleinen Bahn zu transportieren. Später, nachdem die Bergwege immer besser ausgebaut worden waren, wurden Traktoren und Lastwagen für den Abtransport verwendet.

Während in früheren Zeiten in der Faller und Risser Gegend ringsum in den Bergen der Klang der Äxte erscholl, war man im Tal nicht weniger tätig. Das Wasser bekamen die Faller von den Quellen an den Berghängen ringsum, die sie faßten und zu den Ortsteilen herleiteten. Manch einer besaß auch einen Brunnen beim Haus. Der Waschtag war damals noch von einiger Bedeutung. Schon am Abend davor wurde die Wäsche von der Hausfrau eingeweicht und auf die Vorzeichen des Wetters geachtet. Schließlich sollte alles am nächsten Tag wieder trocken werden! Die fortschrittlicheren Hausfrauen besaßen in der Waschküche bereits einen Kessel, den sie heizen konnten. Den anderen blieb nichts weiter übrig, als das heiße Wasser aus dem „Grandl" des Küchenherdes herzuschleppen. Im Kessel durfte man das Umrühren nicht vergessen. Während des Sommers wurde vielfach auch im Freien gewaschen. Es war schon eine mühevolle Arbeit, bis die einzelnen Stücke schließlich auf der Leine hingen und der Erfolg den Vorstellungen der Wäscherin entsprach.

Die Fischerei spielte bei den Gewerbe-

Ein Kohlenmeiler aus Scheitholz für die Holzkohlen-herstellung. Unter kontrolliertem Luftabschluß wurde aus kleineren Holzstücken Kohle gebrannt

Der Köhler hatte dafür zu sorgen,
daß der Brand genau in der nötigen Balance
ablief und nicht um sich griff

treibenden des oberen Isartales meist keine wichtige Rolle, obwohl die Wildbäche einen Reichtum an Fischarten aufwiesen. In den klaren Gewässern gab es Forellen, Äschen und Weißfische. In den Altwassern konnte man Seebarsche, Hechte, Rotaugen, Rot-federn und Renken finden. Zahlreiche „Regalien", also regierungsamtliche Vor-schriften, der Landesherren verboten seit dem 16. Jahrhundert der Allgemeinheit in öffentlichen Gewässern das Fischen. Hinter-grund dieser Gesetze war die Angst vor dem Überfischen, woraus sich schließen lässt, daß die Flußanwohner ihr Gewässer zu nutzen wußten, um etwas Abwechslung in den Speiseplan zu bringen.

Überall entlang dem oberen Flußufer wurde das Holz auch zu Holzkohlen weiter-verarbeitet. Das Aufschichten und Brennen von Kohlenmeilern war eine anspruchsvolle Arbeit für die Waldbesitzer und Holzknech-te. Das auf diese Weise verarbeitete Holz wurde nicht nur zum Heizen und zur Her-stellung von Schießpulver verwendet; in erster Linie benötigten es die zahlreichen Schmiedebetriebe im Norden des Isar-winkels. Die letzten Kohlenmeiler an der oberen Isar wurden zur Kinderzeit Ludwig Thomas in Vorderriß unterhalb des Eltern-hauses des bayerischen Dichters errichtet. Nicht weniger bedeutungsvoll als die Köhlerei war für die heimische Wirtschaft das Kalkbrennen. Die nächsten Kalköfen be-fanden sich in Vorderriß und Winkl. Isar-

Am Isar-„Gries" suchte man die Kalksteine für den nächsten Brand heraus. Kalköfen wie der von Lenggries prägten seinerzeit den Isarwinkel

winkler Kalk wurde wegen seiner Reinheit im Unterland - selbst in Wien - sehr geschätzt. Mit dem Floß wurde gebrannter, ungelöschter Kalk in Form von Steinen, aber auch gelöschter Kalk in Fässern, verfrachtet. Das Brennen war eine mühevolle, schweißtreibende Arbeit. Für die zahlreichen kegelförmigen Kalköfen im Mittenwalder und Tölzer Gebiet mußten „Steinklauber" und

„Steinklauberinnen" die „Bachkugeln" im Flußbett sammeln und zu den Öfen bringen. Danach wurden die Steine in kunstvoller Arbeit in den gemauerten Öfen aufgeschichtet und schließlich gebrannt. Man mußte mehrere Tage lang feuern, bis auch die obersten, kleinsten Steine glühten. Bei 925° Celsius entweicht dabei die Kohlensäure aus dem Gestein und hinter-

läßt den etwa um die Hälfte leichteren Kalkstein. Dabei verbrauchte man für einen Brennvorgang etwa fünfzig Ster Holz. War das Brandgut schließlich abgekühlt, wurden die Steine mit Wasser in großen hölzernen Wannen „gelöscht" und für den Eigengebrauch in einer Grube eingesumpft oder nach einer längeren Beruhigungszeit in Fässern mit dem Floß isarabwärts ver-

Kalksteine dürfen möglichst keine Quarzverbindungen haben. Ansonsten überzieht sich der Stein beim Brand wegen des Quarzes mit Glas und ist unbrauchbar, da der Kalkstein im Inneren nicht mehr zerfallen kann.

frachtet. Einer der größten Abnehmer des Isarwinkler Kalkes war die Stadt München. Zeitweise durfte kein Floß die Stadt in nördlicher Richtung verlassen, bevor die Mannschaft den Münchnern ihren Kalk nicht angeboten hatte.

Bis zum Beginn des Zweiten Weltkriegs waren die Arbeitspferde sowohl für den Transport des Holzes, als auch für den Transport der Blöcke aus Stein- und Marmorbrüchen von großer Bedeutung. Alle Bauern und Gewerbetreibenden besaßen seinerzeit Pferdeställe und Pferde, so wie heutzutage für diese Arbeiten ein Traktor unerläßlich ist.

Von großer Bedeutung war auch die Verarbeitung des Holzes zu Brettern und Balken für die Bauwirtschaft. Im Isartal existierten zwischen Tölz und der Tiroler Landesgrenze noch um das Jahr 1780 insgesamt elf Sägemühlen. Eine der bekanntesten dürfte die Sägemühle in Vorderriß gewesen sein. Als im Jahr 1775 der Flößer und Kalkbrenner Georg Miller diese Säge errichten wollte, wurde es ihm vom Hofmarksrichter in Hohenburg erst nicht erlaubt. Miller nahm diesen Bescheid nicht ohne Weiteres hin und richtete eine Schmähschrift gegen den Richter und wurde dafür öffentlich bestraft. Er hat es trotzdem geschafft: Im Häuser- und Rustikalsteuerkataster des Steuerdistrikts Riß im Landgericht Tölz von 1810 heißt es dann „beim Sagmüller in der vorderen Riß". An der Säge steht über der Tür geschrieben: „An Gottes Segen / ist Alles gelegen / wer den nit hat / der komt zu spat / Miller´sche Erbrechtsag 1794". So gab es für die Gewerbetreibenden im Faller Tal so manches Hindernis zu bewältigen, und beinahe für jedes Problem ist ihnen eine Lösung eingefallen.

Stephan Bammer

Das Ringen ums Wasser

Über den Wandel der Nutzung des Isarwassers

Im Wasser liegt der natürliche Urgrund allen Lebens verborgen. Auch die Bezeichnung „Schöpfung" für die göttliche Erschaffung des Menschen weist in diese Richtung. Wasser ist eine der urtümlichsten Weihegaben - nicht nur der Christenheit, die ihre Nachkömmlinge mit einer Wasser-„Taufe" in ihre Gemeinschaft aufnimmt. Nicht zuletzt wir selbst und alle Tiere und Pflanzen dieser Erde bestehen zum größten Teil aus Wasser.

Wasser kommt vom Himmel. Wenn es regnet, gibt der Himmel dem Boden zu trinken. Das Wasser dringt in das Erdreich ein und versickert allmählich in die Grundwasserhorizonte. Ähnlich wie die Bäche zu Flüssen und die Flüsse zu Meeren hin strömen, fließt auch das unterirdische Grundwasser in Flüsse, Seen und Meere. Weil sich die Grundwasserströme ihre Wege durch die verschiedensten Schichten im Erdreich suchen müssen, fließen sie ungleich gemächlicher als ihre oberirdischen Verwandten und bilden auf diese Weise

Auch Wolken bestehen aus Wasser

einen Wasserspeicher in der Landmasse, der den Pflanzen auch in langen Dürreperioden das Grünen ermöglicht.

Irgendwann kommt alles Wasser in einem See oder Meer an, wo es von der Sonne wieder in den Himmel zurückgeholt wird. In Wolkenform überläßt sie es dem Wind, der es ins Gebirge treibt - beispielsweise. Im Gebirge bilden all die Berghänge, die sich ins selbe Tal absenken, ein gemeinsames Einzugsgebiet. Alle Rinnsale und Bäche in diesem Einzugsgebiet fließen zusammen - an der Oberfläche zu einem Fluß, im Erdreich zu einem Grundwasserstrom.

Die Isar - und damit sind wir wieder in heimischen Gefilden - entspringt im Karwendelgebirge. Genauer gesagt, mehrere Quellen und Bäche fließen zusammen, bevor das fließende Wasser den Namen „Isar" trägt. Die allerersten, am höchsten gelegenen Quellen der Isar liegen am Rande des Hallerangers im Zirmtal, fast 1900 m über dem Meeresspiegel. Bald trägt das Wasser unterhalb des (gar nicht so) Kleinen Lafatschers den Namen „Lafatschbach", erreicht 600 m tiefer und an der Flur „Beim silbernen Hansl" vorbei die Kastenalm und bekommt dort Verstärkung durch weitere Quellbächen aus dem Birkkar und dem Moserkar. Bei der „schwarzen Wand" im Hinterautal trägt der Lafatschbach den neuen Namen „Isar" und wird als solche aus dem Gebirge heraus, nach München hinein und nach Landshut hinunter strömen und dann, hinter Plattling und unterhalb Deggendorf, in die Donau münden.

Im Faller Tal umfasst das Einzugsgebiet der Isar die hereinschauenden Flanken des Falkenbergs, des Brandkopfes, des Demmeljoches, des Roßkopfes und des Grammersberges. Das Wasser, das diese Hänge herabkommt, wurde früher als Trinkwasser genutzt, indem man Quellen zu den Häusern hin leitete. Einige Pumpbrunnen machten auch das Grundwasser nutzbar. Mit diesem Wasser wurde gekocht, gewaschen und gereinigt. Zum Baden sprangen die Faller in die Gumpen der Dürrach oder der Walchen. Zum Triften wurde das Wasser der umliegenden Gebirgsbäche aufgestaut und dann ausgelassen. Der Eisgewinnung für die Kühlung in der warmen Jahreszeit diente dem Wirt vom Faller Hof ein kleiner Teich, der im Winter zufror. Schließlich war die Isar ein schiffbares Gewässer und ermöglichte den Flößern den Transport von Handelswaren, Baumaterialien und Lebensmitteln.

Wasser wird seit Menschengedenken als Lebensmittel genutzt, im Wasser-Spiegel konnte sich der Mensch erstmals selbst betrachten - es sind die vielfachen Funktionen des Wassers in all seinen Erscheinungsformen vom Eis bis zum Dampf, die das Naturelement in der Einschätzung durch den Menschen zu einem Symbol für das Übernatürliche erhoben haben. Um so

schlimmer, daß darum auch Streit und Krieg geführt werden. Nicht nur, wo mehrere Staaten einen Fluß nutzen, entsteht Unfriede, sobald ein Anrainer zuviel Wasser abzweigt oder zuviel Wasser verunreinigt. Der Streitfall bleibt derselbe, wenn es auch nur Nachbarn sind, die sich vorrangig jeder selbst der Nächste sind. Wem gehört ein Fluß?

Weil die Isar, wie ihr Name noch heute vorgibt, eine „Reißende" war, wurde sie später als andere Flüsse wasserbaulich verändert, ihr Wasser und ihre Kraft genutzt. Wenn wir uns aus der Sicht des endenden 20. Jahrhunderts von den Isarquellen bis zur Mündung voranarbeiten, werden wir nicht nur eine wirre Zeitreise antreten, sondern vor allem den starken Willen des Menschen kennenlernen, sich „die Reißende" gefügig zu machen.

In Mittenwald wurde seit 1859 versucht, den Überschwemmungen durch Isarhochwasser Herr zu werden. 1939 war der Flußlauf durch den Ort dann zwar geregelt, doch schon bald forderte die fortschreitende Erosion der Flußbett-Sohle stützende Querbau-Maßnahmen. Von 1919 bis 1921 wurde ein Wehr vor Krün erbaut, um Isarwasser in einen Kanal ausleiten zu können. Dieses Wasser dient dem 1924 in Betrieb gegangenen Walchenseekraftwerk am Kochelsee, das die Höhendifferenz von 200 m zwischen Walchen- und Kochelsee

Früher gab es noch viele Ziehbrunnen wie hier in der Wackersberger Straße in Lenggries

Mit dem Eimer an der Kette wurde das Wasser aus dem Hausbrunnen heraufgezogen

für den Antrieb von Turbinen nutzt. Mit seiner anfänglichen Leistung von 106.000 Kilowatt bildete das Walchenseekraftwerk das Rückgrat der bayerischen Elektrizitätsversorgung und damit auch des weiteren industriellen Landesaufbaus. Dazu zweigte das im gleichen Zusammenhang gegründete Unternehmen „Bayernwerk" im Jahresmittel etwa 14 Kubikmeter Wasser pro Sekunde (m³/s) ab. Das Wasser wurde über den Kochelsee der dafür ausgebauten Loisach anvertraut, die es über einen eigens gebauten Kanal von Beuerberg nach Puppling wieder der Isar zuführt.

In Vorderriß mündete eigentlich der wasserreiche Rißbach in die Isar. Philipp Apian schrieb vor gut 400 Jahren auf: „Zum Ostufer der Isar aber senkt sich der große Rißfluß herab, aus der Grafschaft Tyrol kommend. Er fließt in die Isar und macht sie größer". In der Zeit nach dem Zweiten Weltkrieg, als die amerikanische Besatzungsmacht noch die oberste Kontrolle über Deutschland ausübte, wurde das Schicksal des Rissbaches ebenso wie das der Dürrach und das der Walchen am deutsch-österreichischen Verhandlungstisch unter amerikanischer Aufsicht entschieden. In Deutschland herrschte Energiemangel, doch das besiegte Land durfte keine Kraftwerke bauen. So besann man sich einer alten Planung, den Rißbach und mit ihm den

Beim Krüner Wehr wird die Isar seit 1924 zum Walchensee abgeleitet

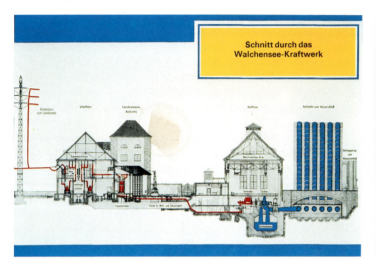

Das Walchenseekraftwerk nutzt 200 m Höhenunterschied zwischen Walchen- und Kochelsee für die Elektrizitätsgewinnung

In den Fallrohren baut das Wasser eine hohe Geschwindigkeit auf und treibt mit dieser Kraft die Turbinen des Kraftwerks an

Ein Höhendiagramm des Kraftwerks-Gewässersystems. Nr. 2 stellt den Düker unter der Isar dar

Die Bauarbeiten direkt unterhalb des „Wasserschlosses", aus dem die Fallrohre austreten. Rechts die Geleise einer seilgezogenen Bahn

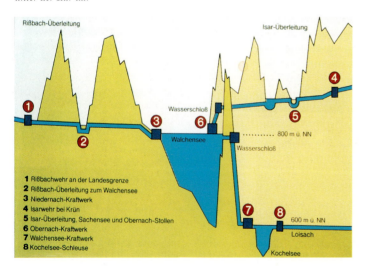

Fischbach und den Alpenbach zusätzlich in den Walchensee zu leiten und so die Leistung des Kraftwerks zu steigern. Da die Österreicher jedoch ähnliche Pläne hatten, mit Einleitungen in den Achensee das 1927 fertiggestellte Achenseekraftwerk in Jenbach zu verstärken, wurde ihnen auf dem Verhandlungsweg im Gegenzug das Ableitungsrecht für die Dürrach und die Walchen-Zuläufe Kesselbach, Blaserbach und Dollmannsbach zugebilligt. 1949 war es dann soweit: Der Rißbach wurde aufgestaut und abgeleitet.

Für die Isar-Anliegergemeinden indes war das Katastrophen-Szenario perfekt. In der Darlegung des Sachverhalts im Genehmigungsbeschluß des Landratsamtes vom 13. Oktober 1952 wird vorbemerkt: „Die Vorgeschichte der Rißbachüberleitung ist durch den erbitterten Kampf des Isarwinkels gegen dieses Projekt sowie durch eine Reihe von Protestkundgebungen, durch zahllose Eingaben an die Obersten Staatsbehörden und an den Bayer. Landtag und durch viele Veröffentlichungen in der Tagespresse der breitesten Oeffentlichkeit bekanntgeworden."

Eine Isar ohne Wasser? Diese Vorstellung trieb nicht nur die politisch Verantwortlichen, sondern auch die Bevölkerung zu Aktivitäten und Protestäußerungen an.

Wie sollte man z.B. Abwässer entsorgen?

Bild oben links:
Unten liegt der Kochelsee, darüber der Walchensee

Bild oben rechts:
Nur mehr ein Rinnsal verbleibt seit der Ableitung der Isar bei Trockenheit im Bett

Bei der Oswaldhütte zwischen Vorder- und Hinterriß verläuft die Landesgrenze zwischen Deutschland und Österreich

Für die Rißbach-Ableitung wurden gleich an der Landesgrenze ein Stauwehr und von dort bis zum Walchensee ein Stollen gebaut, der unter der Isar hindurch führte

Der Kreistag des Landkreises Bad Tölz wies in einem einstimmigen Beschluß vom 11. Oktober 1949 darauf hin, daß „jetzt schon in Trockenperioden innerhalb des Stadtgebietes hinsichtlich der Abwasserabführung erhebliche Schwierigkeiten auftreten." Wie würde sich der Grundwasserspiegel entwickeln? Wie aus den Akten ersichtlich ist, ließ die Bayernwerk AG die Rohre von Pumpbrunnen im Bereich des Wasserhorizontes der Isar in Lenggries, Obergries und Wackersberg tieferschlagen, weil sie entweder versiegt waren oder sich die Wasserqualität verschlechtert hatte. In einem späteren Gutachten war dazu zu lesen, daß der Rückgang des Isarwasser-

standes auf die staatlichen Isarkorrektionen seit 1919 zurückzuführen sei und „nur zum geringsten Teil" auf die Rißbachüberleitung. Wie würde sich die Landschaft verändern? Ausdörren? Schon in der Genehmigungsphase der Rißbachableitung hatten die Gemeinden gefordert, daß ein Wasserspeicher zur Sicherstellung einer festgelegten Mindestwassermenge in der oberen Isar für Trockenzeiten gebaut werde. Laut eines Beschlusses des Bayerischen Landtags vom 26. Juni 1947 sollten die Rißbach-Überleitung und der Wasserspeicher „möglichst gleichzeitig fertiggestellt werden". Daraus wurde jedoch nichts. Als die Oberste Baubehörde das Landratsamt als unterge-

Zunächst mußte im Herbst für Triftarbeiten noch Wasser durch das Rißbach-Wehr gelassen werden. Doch auch die Trifterei ist längst Vergangenheit

Das Rißbach-Wehr aus der Vogelperspektive

ordnete Behörde damit beauftragte, der Bayernwerk AG die Ableitung des Rißbaches nach der Fertigstellung der hierzu notwendigen Anlagen zu genehmigen und etwaige Einsprüche dagegen ohne aufschiebende Wirkung zu behandeln, mußte sich der damalige Landrat Dr. Gröbner wohl oder übel beugen. Es war für ihn die „schwerste Unterschrift, die ich während meiner bisherigen Amtszeit zu leisten hatte." und er fügte in einem persönlichen Schreiben vom 19. Oktober 1949 an die Oberste Baubehörde seine Kritik am Genehmigungsverfahren an: „Ich sehe mich (...) verpflichtet, darauf hinzuweisen, daß die durch den Landtag und die Oberste Baubehörde getroffenen Entscheidungen, die jede Rücksichtnahme auf die Belange des Landkreises und der betroffenen Gemeinden vermissen lassen, bei allen beteiligten Stellen und der Bevölkerung größte Erbitterung hervorgerufen haben. (...) Es ist auch erschütternd, daß der Landtag in seinem Beschluß mit keinem Worte auf die Erfüllung der von ihm selbst für die Rißbachüberleitung in seiner Sitzung vom 26. 6. 47 angeordneten Auflage der Erbauung eines Wasserspeichers Bezug nimmt. (...) Ich hielt es aber doch für unbedingt nötig, im Wortlaut der vorsorglichen Anordnung meine Bedenken gegen die angeordneten Maßnahmen zum Ausdruck zu bringen. Wenn schon das Landratsamt als die zur Wahrung der Interessen

Der feierlichen Einweihung der Rißbach-Anlagen blieben die Gegner aus dem Isarwinkel unter Protest fern

des Landkreises bestimmte Stelle bedauerlicherweise nicht in der Lage war zu helfen, so soll die Bevölkerung wenigstens das Bewußtsein haben, daß ihren Belangen hier Verständnis entgegengebracht wird."
Dafür hatte jedoch wiederum der zuständige Staatssekretär Hugo Geiger kein Verständnis. Die letztendlich zu veröffentlichende Anordnung wurde schließlich von der Obersten Baubehörde vorformuliert.
Die feierliche Einweihung der Rißbachanlagen und Überleitung des Rißbaches in den Walchensee fand am Sonntag, den 24.

Oktober 1949, statt. Die Tölzer blieben der Feier fern. Bürgermeister Anton Roth hatte für denselben Tag zu einer öffentlichen Versammlung geladen, in deren Verlauf eine „scharfe Protestentschließung" einstimmig angenommen wurde.
Alle beteiligten Stellen haben in diesen Jahren gerechnet: Niedrigwasserstände, durchschnittliche Abflußmengen, Mindestabflußmengen, Grad der Verschlammung, natürliche Reinigungskraft der Isar. Die einen rechneten mit Meßwerten, die anderen mit physikalischen Formeln. Was

Der Sylvensteinspeicher aus der Bergsteiger-Perspektive. Verschwitzte Wanderer lockt er zu einer schnellen Erfrischung

als Ergebnis herauskam, diente als Verhandlungsargument. Wollten die Isaranlieger, allen voran die Stadt Bad Tölz, möglichst viel Wasser in der Isar als Mindestabfluß sichergestellt wissen, so schwenkten nach und nach alle zugezogenen staatlichen Fachbehörden und politischen Gremien auf eine einheitliche Linie ein, die einen Mindestabfluß von 7 m³/s bei Tölz als ausreichend für die Abwasserentsorgung glaubhaft zu machen versuchten. Dieser Wert entsprach dem ursprünglichen Angebot der Bayernwerk AG. Damit wurde letztendlich

ein freiwilliges Zugeständnis seitens des Kraftwerksbetreibers zu einer Genehmigungsauflage für den Betrieb der Rißbachüberleitung umgewidmet.

Wäre damals der Sylvensteindamm fristgerecht gebaut worden oder auch nur für die nicht an der Planung beteiligten Isarwinkler vorhersehbar gewesen, wären sicherlich viele Auseinandersetzungen vermieden worden. Als er etwa zehn Jahre später schließlich gebaut wurde, waren die Meinungslagen wieder neu verteilt.

An der durch die beiderseits herabstür-

zenden Felshänge geprägten Flußenge am Sylvenstein befindet sich der „Sylvensteindamm" und sperrt die Enge bis in 40 Meter Höhe ab. Dahinter hat sich der „Sylvensteinsee" gebildet, ein Stausee, der sich in die Täler der Walchen, der Dürrach und der Isar hineinzieht. Der See wird oft mit einem norwegischen Fjord verglichen. Heute denkt man bei einem Dammbauwerk an die Funktion des Hochwasserschutzes, den er für die Anlieger flußabwärts gewährleistet. Wie wir jedoch bezüglich der Genehmigung der Rißbach-Ableitung entnommen haben, wurde zunächst von den Anliegergemeinden des oberen Isartales die Sicherstellung einer bestimmten Mindestwassermenge, die im Bett der Isar fließen soll, als vornehmliche Forderung zum Bau eines Wasserspeichers gesehen. Für die wasserwirtschaftliche Planung spielte jedoch der Hochwasserschutz für die Unterliegergemeinden und -städte eine wesentliche Rolle.

Folgen wir der Isar weiter in ihrem Verlauf, so mündet vor der Ortschaft Wegscheid auf der linken Uferseite die Jachen ein. Die Jachen ist der natürliche Abfluß des Walchensees, mit deren Wasser frühere Trifter und Flößer Holz von den Hängen rund um den Walchensee bis in die Jachenau, bis zum Wehr im Leger, bis nach Langeneck und an die Isar verbracht haben. Dazu nutzten die Holzarbeiter die charakteristischen Nachtwinde, die das am West-

Auch auf der Jachen, dem natürlichen Abfluß des Walchensees, wurde einst getriftet und geflößt. Der Jachenabfluß ist seit der Inbetriebnahme des Kraftwerks geschlossen

ufer in den See gesetzte Rundholz bis zum Morgen ans Ostufer getrieben haben, wo die Jachen abfließt. Mit dem Bau des Walchenseekraftwerks wurde der Jachenabfluß geschlossen, wobei innerhalb eines bestimmten Zeitraums jedes Jahr Wasser für die Trift zur Verfügung gestellt werden mußte.

1958 wurde hinter Bad Tölz ein Laufwasserkraftwerk mit einem Stausee in Betrieb genommen. Wie auch der Sylvensteinsee wirkt der Stausee als Bremse für das fließende Wasser, das aus diesem Grund auch die Kraft verliert, die Steine seines Bettes weiterzutragen. An der „Stauwurzel", da, wo

das fließende in ein stehendes Gewässer übergeht, bleibt dieses sogenannte „Geschiebe" dann liegen. Die in den Wassermassen mitgeführten Schwebstoffe jedoch gelangen in den See und setzen sich ab. Ganz genauso ist vor Millionen Jahren unsere alpine Gebirgslandschaft entstanden - unvergleichbar mächtiger: Die im Wasser schwebenden Feststoffe frühen Lebens, abgestorbene Muscheln, Korallen und andere Lebewesen, setzten sich am Grund des Meeresbodens ab und wurden in Millionen Jahren kilometerdick. Durch die Auffaltungs- und Verschiebungsbewegung der Kontinentalplatten gelangten diese

Bild oben:
Die Isar-Stauwurzel des Sylvensteinsees. Hier am
Übergang des fließenden in ein stehendes Gewässer
lagert der Fluß sein Geschiebe ab

Bild oben links:
Hinter Bad Tölz betreiben die Stadtwerke ein
Laufwasserkraftwerk

Bild unten:
Der Tölzer Stausee bietet eine reizende Kulisse für
Wanderungen

Gesteinsschichten an ihre heutigen Plätze und bilden so manchen reizvollen Berggipfel entlang der Isar von ihren Quellen bis zum Austritt aus dem Alpenvorland bei Gaißach und Wackersberg. Aus den Schwebstoffen der Isar, die im Tölzer Stausee zu Boden sinken, werden wir sicherlich keine Gebirgsmassive entwachsen sehen, aber wir vermögen uns vorzustellen, daß so ein Speichersee mit der Zeit seines Bestehens immer weniger zu speichern vermag, weil der Boden quasi der Wasseroberfläche entgegenwächst. Jedes Jahr ein ganz kleines bißchen.

Der Fluß hat an der Stauwurzel seine Fracht, das Geschiebe, abgegeben und treibt die Turbine eines Kraftwerks an, bevor er zurück in sein Bett eintreten darf. Dort gewinnt er wieder seine Kraft, das natürliche Flußgefälle zieht ihn flußabwärts und sein Bett bietet ihm die Gelegenheit, auch wieder Geschiebe aufzunehmen und weiterzutransportieren. Es entsteht, würde niemand Kies nachschütten, bald ein Mangel an Geschiebe, das die Isar mit sich führen könnte. Ihr bliebe nichts anderes übrig, als den Boden des Flußbettes, die sogenannte „Sohle", anzugreifen. Man spricht deshalb von „Sohlenerosion".

Ab der Loisachmündung wurde die Isar bereits seit 1854 reguliert oder „korrigiert", wie es auch etwas anmaßend heißt. Mit der Zeit entstand auf über 2 km Länge ein geradliniges, nur 45 m breites Flußbett, das sich durch die schnellere Fließgeschwindigkeit des Wassers kräftig eintiefte. Aufgrund der fortschreitenden Tiefen- und Seitenerosion fließt die Isar dort nur mehr in ihrem „Hauptgerinne", ohne sich in weitere Flußarme zu verzweigen, wie sie es früher getan hat. Mehr noch als die „Korrektionsbauten" haben die seit 1889 entstandenen Ausleitungskraftwerke die Flußlandschaft der Isar umgestaltet. Beim Ickinger Wehr zweigt der erste Seitenkanal nach rechts zum 1924 in Betrieb genommenen Kraftwerk Mühltal ab. Bei Baierbrunn gelangt das ausgeleitete Wasser in das Isarbett zurück, um bereits 3 km weiter am Höllriegelskreuther Wehr

Die Urtlmühle in Lenggries nutzte die Wasserkraft eines Baches für ihr Mahlwerk

nach links ausgeleitet zu werden. Dort treibt es die Turbinen der Kraftwerke Höllriegelskreuth, Pullach und die drei Südwerke der Stadt München an. Oberhalb der Großhesseloher Brücke führt ein weiteres Wehr noch verbliebenes Wasser aus dem Isarbett diesen Werken zu.

Für die Stadt München war es bei ihrem Ausbau als Haupt- und Residenzstadt maßgeblich, daß sie die Energie für den Betrieb einer großen Zahl von Gewerken der Münchner Gewerbetreibenden zur Verfügung stellen konnte. In ein weitverzweigtes System von Stadtbächen wurde bereits seit dem 12. Jahrhundert Isarwasser geleitet, um Mühlen anzutreiben und der Abwasserentsorgung zu dienen. Die Bezeichnungen der einzelnen Bäche weisen zumeist auch auf ihre Funktion hin: Es sind dies der Auer-, der Wester-, der Mahl-, der Heiliggeist-, der Kainz-, der Kögl-, der Kaibl-, der Hackl-, der Stadt- und der Stadtsäg-Mühlbach. Ein Bach erhielt meistens seinen Namen von der durch ihn betriebenen Mühle, z.B. der Köglmühle. Daneben gab es das Bleicherbächl, das Feuerlöschbächl und das Feuerbächl, das Krankenhausbachl und den Lazarettbach, den Roßschwemmbach, das Münzbächl, den Färbergrabenbach, den Papiererbach, den Fabrikbach, den Hofhammerschmidbach, den Pfisterkanal, den Hofbrunnenwerkkanal und den Triftkanal. Vom 12. bis zum 14. Jahrhundert ermöglichte die aufschwingende Wasserkraftnutzung durch das Wasserrad eine bedeutende Produktions- und Qualitätssteigerung des Handwerks, weshalb man auch von der „mittelalterlichen industriellen Revolution" spricht.

Wasserräder waren die Kraftwerke ihrer Zeit. Ohne sie hätte sich eine Stadt wie München nicht in der Weise entwickeln können, wie sie sich heute zeigt. Noch im Jahr 1955 erhob die Firma Loden Frey einen vorsorglichen Einspruch gegen den Bau des Sylvensteinspeichers, falls der Speicher den Wasserspiegel des Schwabinger Baches negativ beeinflussen sollte. Das Unternehmen betrieb damals seit mehr als 50 Jahren ein Triebwerk mit dem Bach.

Unterhalb Münchens wurde bereits im Jahre 1806 mit Flußbegradigungsarbeiten begonnen. Hundert Jahre später hatte sich die Isar bei Unterföhrung schon fünf Meter tief eingesenkt. Von 1920 bis 1925 wurde in Notstandsarbeit nach dem Ersten Weltkrieg die „Kraftwerkstreppe Mittlere Isar" gebaut. Beim Oberföhringer Wehr wird Isarwasser in einen Kanal durch das Erdinger Moos ausgeleitet. Entlang des Kanals reihen sich die Kraftwerke Finsing, Aufkirchen, Eitting, Pfrombach und die zwei Uppenbornwerke an den großen Speichersee.

In Landshut nutzte man das Maxwehr und das Ludwigwehr, um einen Höhenunterschied zwischen den zwei Fließkanälen, die „Große Isar" und die „Kleine Isar", herzustellen, mit dem wiederum Mühlen be-

trieben wurden. Der Vorläufer des Max-wehrs geht bis auf 1388 zurück und wurde 1810 umgebaut. Das Wehr wurde 1953 durch ein Wasserkraftwerk ersetzt. Unter-halb von Landshut wurde der Fluß seit 1860 reguliert. Um das Jahr 1905 war dann die gesamte Untere Isar bis zur Donau ausgebaut. Um die Tiefenerosion in Lands-hut abzuwehren, wurde bereits von 1912 bis 1916 das Altinger Wehr errichtet. 1951 gingen die flußabwärts liegenden Kraft-werke Altheim und Niederaichbach in Betrieb, 1957 die Kraftwerke Gummering und Dingolfing. So wurde die Isar für die Nutzung der Wasserkraft zur Energiege-

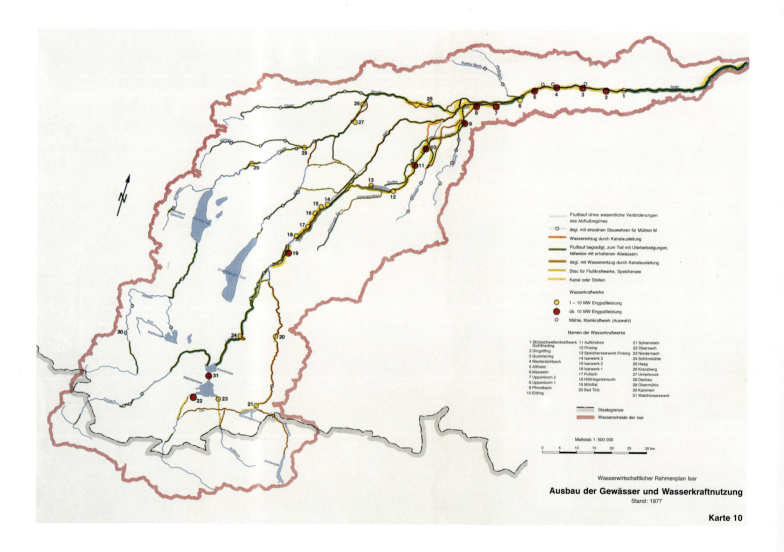

Wasserwirtschaftlicher Rahmenplan Isar
Ausbau der Gewässer und Wasserkraftnutzung
Stand: 1977

Karte 10

winnung innerhalb eines halben Jahrhunderts grundlegend umgestaltet. Die
Gewerbe, die das Wasser vordem ernährt
hatte, waren entweder bereits obsolet geworden oder wurden im Zuge der
einzelnen wasserbaulichen Maßnahmen
verdrängt, die Nutzungsrechte abgekauft
und so mancher Verdienstausfall ent-
schädigt. Doch mit dem Bau des Dingol-
finger Wasserkraftwerks war die große Zeit
der Wasserkraft auch schon wieder zuende.
Weitere Staustufen isarabwärts - in Gottfrieding 1977, Landau 1984, Ettling 1988
und Pilweichs 1994 - dienen neben der
Wasserkraftnutzung auch der Stützung des
Flußbettes, um Erosionsschäden zu verhindern.

Das neue Zeitalter begann damit, seinen
Energiebedarf mit der Hilfe von Kernkraft
zu stillen. Die Isar diente diesem neuen Typ
von Kraftwerken zur Kühlung. Das erste
Kernkraftwerk in Niederaichbach ging dann
1972 für einen Probelauf in Betrieb und ist
inzwischen wieder abgebaut. Zwei Kraftwerke stehen heute entlang der Isar in Betrieb, das Kernkraftwerk Isar I (KKI I) seit
1979 und seit 1988 auch das KKI 2.

Man kann sich im Wasser eines Flusses nicht
nur selbst begegnen - der Fluß hält ebenso
der Zivilisation, die ihn nutzt, ihren Spiegel
entgegen. Er zeigt uns inständig, was uns das
Lebenselement Wasser wert ist und was
wir damit anzufangen wissen.

Stephan Bammer

Der Bau des Sylvensteinspeichers

Eine lange Vorgeschichte

Das Ringen ums Wasser war in ein neues Stadium getreten, nachdem bis 1948 alle größeren Zuflüsse der Isar oberhalb Lenggries zu einem großen Teil abgeleitet worden waren. Die Anliegergemeinden kämpften um „ihr" Wasser. Bei der Ge-

nehmigung der Rißbachableitung war noch vorgesehen gewesen, zugleich einen Wasserspeicher in Betrieb zu nehmen, der Hochwasser auffangen und diese in Trockenperioden als gesicherten Mindestabfluß ins Isarbett abgeben sollte. Den Anliegern ging es hauptsächlich um diesen Mindestabfluß. Die Städte und Gemeinden flußabwärts

Höhenplan

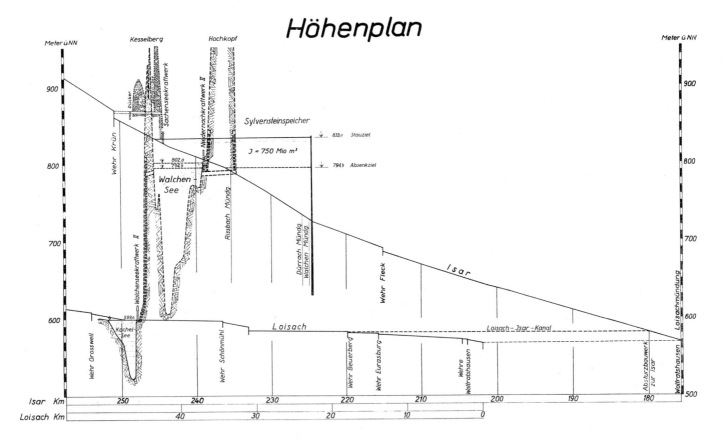

Höhenplan zur Speicherversion V. Man sieht die unterschiedlichen Gefälle von Isar und Loisach sowie das Höhenprofil von Walchensee und Kochelsee.

München im Oktober 1949
Oberste Baubehörde
im Bayer. Staatsministerium des Innern.

Ein erhellender Blickwinkel: Die Isar, nur einen Höhenzug vom dahinterliegenden Walchensee entfernt. Dahinter die Gefällestufe zum Kochelsee; in der Ferne glänzt der Starnberger See

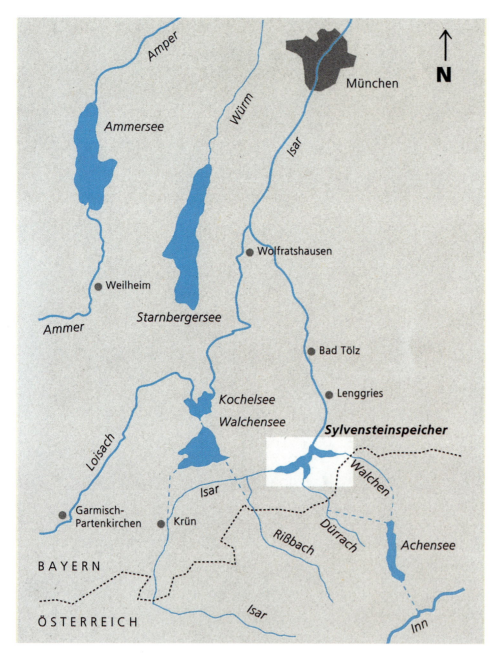

waren aber auch am Schutz vor den alljährlichen Überschwemmungen interessiert. Wer erinnert sich heute noch an die häufigen Überflutungen? Zu Beginn unseres Buches haben wir schon historische Fotos von Überschwemmungen im Tölzer Stadtteil Gries und anderswo gesehen. Die Sicherstellung einer bestimmten Mindestmenge an Wasser und der Schutz vor schadensträchtigen Hochwassern - das, so schien es den damaligen Zeitgenossen, waren die Aufgabenstellungen, die dem Wasserspeicher seine Gestalt geben sollten. Doch die Idee eines Wasserspeichers an der Oberen Isar war zu dieser Zeit bereits mehrfach aufgegriffen worden. Seitdem im Jahre 1905 Major Fedor Maria von Donat „zufällig auch den Höhenunterschied zwischen Kochelsee und Walchensee, des letzteren geringes Einzugsgebiet, dafür aber die ihre Fluten nahe vorbeirollende Isar" auf Karten entdeckt und veröffentlicht hatte, war den Modellspielereien mit Wasserströmen und einem großen Gefälle, mit Talsperren und unterirdischen Kanälen Tür und Tor geöffnet. Die Möglichkeit der Elektrizitätserzeugung verlieh dem Ganzen einen ernsten Hintergrund. Darum ging es damals den zentralen Regierungsstrategen ebenso wie den Ingenieuren. Für die

Gewässerplan der Isar mit den Ableitungen zum Walchensee (D) und zum Achensee (Ö)

Industrialisierung Bayerns war elektrischer Strom dringend notwendig. Doch auch der Gedanke, mit Hilfe Technik die „wilde" Natur zu bezähmen, bewegte die Naturwissenschaftler und Landesplaner.

Als 1908 Professor Kreuter von der Technischen Hochschule München seinen Beitrag zum Wettbewerb bezüglich des Walchenseekraftwerks einreichte, sah dieser bereits eine Talsperre am Sylvenstein vor. Das Bauwerk sollte 100 Meter hoch werden und die aus Walchen, Dürrach, Isar und Rißbach in einem riesigen See gespeicherten Zuflüsse direkt über ein Kraftwerk in den Kochelsee abführen. Als man bei einer Probebohrung am Sylvenstein jedoch in 25 Metern Tiefe noch keinen Fels erreichte, lehnte man diesen Vorschlag wegen der schwierigen Untergrundverhältnisse ab.

Im Jahre 1934 überlegte man wiederum, wie die Leistungsfähigkeit des mittlerweile seit zehn Jahren betriebenen Walchenseekraftwerks gesteigert werden könnte. Dabei gerieten auch wieder die Isarzuflüsse im Faller Tal ins Blickfeld. Das Projekt schien so bedeutend, daß noch während des Krieges (!) eine Bohrung in der Sylvensteinenge niedergebracht wurde. Damals erreichte man in 56 Metern Tiefe Felsge-

Bei niedrigem Wasserstand im See sieht man unterhalb des westlichen Endes der Faller Klammbrücke, südwärts stehend, die berüchtigte Felsenenge „Grindel"

stein und fühlte sich zur Fortsetzung des Unternehmens ermutigt. Allein der Kriegsausgang vereitelte diese Initiative.

Als nun im Zusammenhang mit dem Rißbachprojekt auch der Plan eines Speichersees an der Oberen Isar im Rahmen einer Studie wieder aufgegriffen wurde, ergaben sich nach einem geologischen Rahmengutachten zunächst fünf mögliche Standorte für die Sperre: Am Hochgraben, am Ochsensitz, unterhalb Vorderriß, oberhalb Fall und am Sylvenstein. Sprach für die höherliegenden Sperren die Möglichkeit, das Wasser ins Walchenseekraftwerk überleiten zu können, so überzeugte der letzte, unterste Standort durch das Umfassen des gesamten Einzugsgebietes im Faller Tal. Nachdem man mittels Bohrungen und

Ein weitaus größerer als der bestehende Speicher, mit einer Staumauer - die Fiktion vom Sylvenstein-Großspeicher im Gemälde

Zwei verschiedene Speicherversionen in der Zeichnung: Der kleinere, sog. „Landtagsspeicher" und der Großspeicher. Man beachte Neu-Fall in der Bildmitte und Neu-Vorderriß links

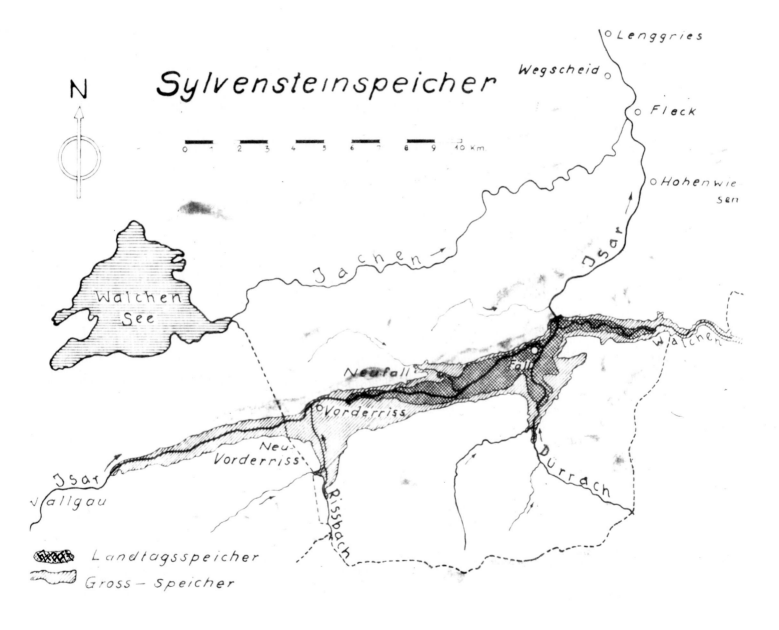

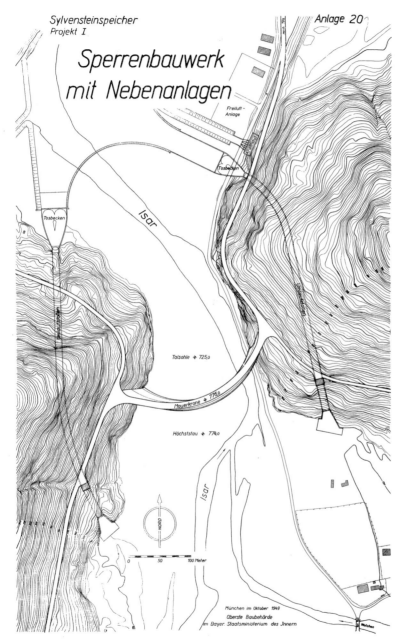

Sylvensteinspeicher
Projekt I

*Sperrenbauwerk
mit Nebenanlagen*

Anlage 20

seismischen Untersuchungen festgestellt hatte, daß „die unter den Isarschottern verborgenen Felsgesteine in der Sylvensteinenge von einer für ein Naturgestein denkbar besten Beschaffenheit sind", waren die Zweifel an der Standfestigkeit einer Sperre an dieser Stelle ausgeräumt und man konnte an die Planung des Speichers gehen. Was sollte der Speicher leisten?

Zunächst einmal lautete die Forderung des Bayerischen Landtags vom 26. Juni 1947, eine „ausreichende" Wasserführung im Isarbett sicherzustellen. Diese Niedrigwasser-Aufhöhung erfüllt ein Speicher, indem er Hochwasser - insbesondere die Frühjahrs-Schmelzwasser - auffängt und speichert. Damit wäre der Speicher gefüllt und jedes zusätzliche Hochwasser müßte man in vollem Umfang passieren lassen. Neben dem Speicherraum für die Niedrigwasser-Aufhöhung, der eine bestimmte Stauhöhe ergab, war also ein zusätzlicher Speicherraum für darüber hinausgehende, kurzzeitige Hochwassermengen zu schaffen - insbesondere die schadensträchtigen Sommerhochwasser. Nun stellte sich aber

Lageplan der Talsperre für das Projekt I - mit Bogen-Staumauer und Straßenzügen. Links der Staumauer wäre es nach rechts durchs Schronbachtal in Richtung Neu-Fall an den Wilfetsbach gegangen

die Frage, wie groß denn dieser Schutz für die Unterliegergemeinden und -städte sein sollte? Vom wasserwirtschaftlichen Standpunkt aus war damals für einen „vollkommenen" Hochwasserschutz plädiert worden. Damit nicht genug. Die Frage der Energieerzeugung stand nach wie vor zur Debatte. Um den hochwertigen, gut zu vermarktenden sogenannten „Winterspitzenstrom" zu erzeugen, wurde nun das Projekt bereits in einer Größe gedacht, bei der die „Abarbeitung" der gespeicherten Wassermengen „außer in einem kleineren Kraftwerk an der Talsperre zweckmäßig über die von der Natur gebotene Gefällsstufe Walchensee-Kochelsee mit 200 m Höhe" erfolgen konnte.

Für die Ermittlung der Stauraumgröße war neben der Niedrigwasser-Aufhöhung, dem Hochwasserschutz und der möglichen Energieerzeugung auch die Ablagerung von Geschiebe- und Schwebstoffmassen zu berücksichtigen. Dazu war ein Verlandungs-Schutzraum einzuplanen, der die Funktionen des Speichers auch über längere Zeiträume hinweg gewährleistete.

Es galt weiter, nicht nur die wasserwirtschaftlichen Belange der Unterliegerkommunen wie Wasserversorgung und Abwasserbeseitigung zu berücksichtigen, sondern auch auf „Heimat- und Naturschutz" und die „Beeinflussung des Kleinklimas" Rücksicht zu nehmen. Zudem war auch in der Obersten Baubehörde bekannt,

daß „es sich beim Isarwinkel um eines der schönsten Erholungsgebiete Bayerns handelt" und deshalb „auch die ästhetischen Momente berücksichtigt werden müssen". Die Berechnungen des Speicherraumes für die Niedrigwasser-Aufhöhung beliefen sich auf 70 Mio. m³. Zum Vergleich: Der Wasserentzug durch die Rißbachüberleitung betrug in Trockenjahren 110 Mio. m³ im Jahr. Für den Hochwasserschutz wurde ein Raum von 65 Mio. m³ zur Aufnahme sogenannter „Schadenwassermengen" ermittelt. Als Verlandungsschutzraum wurden 40 Mio. m³ unter den Voraussetzungen errechnet, daß jährlich 160.000 m³ Geschiebe inklusive Schwebstoffen in den Speicher transportiert würden und der Nutz-Stauraum für einen Zeitraum von 250 Jahren durch Verlandungen nicht vermindert werden dürfe. Damit ergab sich bei dieser Planungsvariante eine Gesamtspeichergröße von 175 Mio. m³, die eine 49 m hohe Talsperre erfordert hätte. Ein zusätzlicher Stauraum zur Energienutzung war hierbei noch nicht vorgesehen. Dazu wäre ein noch „wesentlich grösserer" Speicher notwendig geworden, der überschüssige Sommerwassermengen auf das Winterhalbjahr hätte verlagern können. Nachdem bereits ein Walchensee-Großspeicher-Projekt fallengelassen worden war, weil „die Preisgabe des Walchensees auf unüberwindliche Widerstände breitester Bevölkerungskreise" gestoßen war, trat an dessen Stelle die Projektvariante eines Sylvenstein-Großspeichers. Dabei sollte ein „möglichst großer Stauraum" mit 1500 Mio. m³ Nutzraum die sogenannte „Überjahresspeicherung" ermöglichen, also Wasser aus niederschlagsreichen Jahren für trockene Jahre aufzubewahren. Dieser bis auf eine „Kote" - Höhe über Normal-Null - von 850 m gestaute Speicher hätte sich bis Wallgau (!) erstreckt. Neu-Fall wäre vielleicht ein Bergdorf geworden. Nach der Berücksichtigung verschiedener Problempunkte und einer Kosten-Nutzen-Analyse wurde die Großspeicher-Variante schließlich auf 760 Mio. m³ Stauraum abgespeckt und eine Staukote bei 833 mNN festgelegt. Die Sperrenkrone hätte 110 m über der Talsohle gelegen und damit das seinerzeit zweithöchste Wasserstauwerk der Erde gekrönt. Als Talsperre war eine Bogen-Staumauer vorgesehen.

Die Übergangszeit: Über den alten entstehen die neuen Verbindungswege an den Berghängen

So blieben letztlich zwei Versionen des Sylvensteinspeichers in der Diskussion, die „kleine" ohne und die „große" mit der zusätzlichen Stromerzeugung. Letztlich wurde vom Landratsamt als zuständiger Genehmigungsbehörde die kleine Lösung, jedoch noch einmal verkleinert, genehmigt. Diese Kleinstlösung war von der Obersten Baubehörde nach harten Landtagsdebatten über die Finanzierbarkeit des Projekts erarbeitet worden. Das Bayernwerk als Betreiber des Walchenseekraftwerks, das ja Nutznießer des Hochstaus zur Stromerzeugung gewesen wäre, zeigte selbst wenig Interesse an dieser Lösung und lehnte sie ab. Obwohl auch damals schon galt, daß Siedlungsräume vor Überschwemmungen eines „Jahrhundert-Hochwassers" - des größten Hochwassers innerhalb von 100 Jahren - geschützt werden sollen, die Abschätzung eines 100-jährlichen Hochwassers aufgrund der damals vorliegenden Wasserstands-Aufzeichnungen jedoch schwierig war, wurde nach umfangreichen Untersuchungen die Höhe des Dammes auf 41 Meter festgelegt, da man annahm, daß damit bei relativ niedrigen Kosten der geforderte Schutz zu gewährleisten sei. Bei dem so entstehenden Speichersee waren

40 Mio. m³ Raum für die Niedrigwasser-Aufhöhung, 59 Mio. m³ für Hochwasser-Rückhalt und - eingedenk der Möglichkeit, Geschiebe an Vorsperren zu entnehmen - 5 Mio. m³ für Verlandungsschutz vorgesehen. Die entsprechenden Normalstauziele lagen bei 752 mNN im Winter und 749 mNN im Sommer, das tiefste Absenkziel bei 736,40 mNN. Zur Gewährleistung eines wirksamen Hochwasserschutzes kann bis heute der Hochwasser-Rückhalteraum bis auf 764 mNN in Anspruch genommen werden. Dabei erreicht der gesamte Stauraum ein Volumen von

104 Mio. m³ und eine Seeoberfläche von rund 6 km². Sie entspricht damit etwa der Größe des Königssees. Zwischen den Staukoten 736,4 und 764 mNN kann der Speicher „bewirtschaftet" werden, wobei das Normalstauziel von 752 mNN den Beginn des Hochwasser-Rückhalteraumes kennzeichnet. Das Normalstauziel - leicht an der dort verlaufenden Bewuchsgrenze zu erkennen - darf nur im Hochwasserfall überschritten werden. Im Anschluß an eine Hochwasserwelle muß der Hochwasser-Schutzraum möglichst schnell wieder bis auf das Normal-Stauziel entleert werden, um

Sepp Tristberger bei Vermessungsarbeiten für die neue Faller Klammbrücke. Unten noch die Grindelbrücke

Links Grindelbrücke, „Beamtenhaus" und das Oberdorf, rechts entsteht ein Pfeiler für die neue Faller Klammbrücke

Die Pfeiler künden es an: Die „Oberfläche" wird bald 15 Meter höher liegen

wieder neue Wassermengen aufnehmen zu können.

Straßenbau und Faller Klammbrücke

Im Stauraum des Sylvensteinspeichers befanden sich 15 km Land- und Forststraßen, die verlegt werden mußten. Diese Maßnahme war vordringlich und sollte vor dem Beginn der Damm-Aufschüttung erledigt werden. Noch im Juni 1956 ließ sich der Bundesverkehrsminister zur Verlegung der ursprünglich durch die Jachenau geplanten Alpenstraße von Garmisch bis Berchtesgaden bewegen, wodurch dann die ehemals recht einfache Forststraße nach Vorderriß und die Privatstraße entlang der Walchen zu Straßen höherer Ordnung und besserer Ausführung als Bundesstraße gelangten. Da die Alpenstraße die bayerische Alpenlandschaft ungestört erscheinen lassen sollte, wurde hier das Telefonkabel unterirdisch verlegt.

Die Faller Klammbrücke ist mit ihrer S-förmigen Gestalt wohl das augenscheinlich beherrschende Bauwerk, quasi das Aushängeschild des Sylvensteinspeichers, wie er auf Postkarten dargestellt wird. Da die

Arbeitskräne fügen - hoch über der Grindelbrücke - die Trassenteile der Faller Klammbrücke zusammen

Brücke einem um 28 m schwankenden Seespiegel gewachsen sein mußte, wählte man eine Ausführung mit acht gleichlangen Feldern, die durch den gleichbleibenden Abstand der Stützpfeiler entstehen. Wegen der sehr unterschiedlich beschaffenen Untergründe der sieben Pfeiler mußten zum Teil lockere Kiesschichten durch Untergrund-Injektionen verfestigt werden. Weil die Alpenstraße über die Brücke führen sollte, die sich zur Zeit dieser Entscheidung bereits im Bau befand, mußte die Fahrbahn von 6 auf 7,5 m verbreitet werden. Das war jedoch bei den Pfeilern selbst nicht mehr nachträglich möglich, so daß stattdessen die Stahlkonstruktion in sich verstärkt werden mußte. Vielleicht hat dieser Umstand zur ‚ästhetisch ansprechenden Gestalt der Brücke beigetragen, weil das breitere Band der Fahrbahn auf den schmaleren Pfeilern diesen bekannt schlanken, leichtfüßigen Eindruck erweckt.

Der Bau der Brücke mußte rasch vonstatten gehen, denn sie sollte stehen, bevor der Vorstau bei der Dammbaustelle die bestehende Straßenverbindung unpassierbar machte. Dies gelang jedoch nicht wie geplant. Die Brücke wurde nicht rechtzeitig fertig, und so mußte der Verkehr für eine gewisse Zeit über die Dammbaustelle geleitet werden. Die Straße wurde seinerzeit jedoch kaum benutzt, so daß diese Behinderung nicht allzu schwerwiegend ausfiel. Die Arbeit an der Brücke mußte aus

diesen Gründen aber auch bei Frost und Schlechtwetter weitergehen. Deshalb wurden Heizstrahler eingesetzt, um den Beton zu trocknen. Auf der Straßenoberfläche hoch über der Isarklamm lief ein Arbeitszelt auf Schienen, unter dem auch an nassen Tagen weitergebaut werden konnte. Diese Umstände förderten jedoch auch die unter den Bauarbeitern verbreiteten rheumatischen Beschwerden.

Weitere Brücken im Zuge der Verkehrsverlagerung waren die Isarbrücke unterhalb des Dammes, die 40 m lange Rauchstubenbrücke und die 110 m lange Geißalmbrücke über die Walchenklamm, weiterhin die Dürrachklammbrücke und die Schürpfengrabenbrücke.

Nachdem die neue Straße am Berghang eröffnet war, konnte man darangehen, die alten Wege im Faller Tal herauszureißen und aus dem Talgrund einen Seeboden zu machen. Ähnlich wie die Straßenbauten mußten auch die Stollenarbeiten vor dem eigentlichen Dammbau stattfinden, damit man die Isar durch die Stollen leiten konnte und auf diese Weise die Dammbaustelle wasserfrei bekam.

Ablaß- und Entlastungs-Stollen, Vorsperre

Der Damm heißt im Fachjargon nicht umsonst „Talsperre". Er riegelt das ehemalige Isartal am Sylvenstein ab. Damit das

Bild links:
Die Fahrbahndecke der Faller Klammbrücke wird auf die Pfeiler gelegt

Mitte:
Das Gerüst...

Rechts:
...und die fertige Brücke über die Dürrachklamm

Links:
Teerarbeiten für die neue „Alpenstraße" von Garmisch bis nach Berchtesgaden

Rechts:
Bereits bevor der Damm gebaut wurde, stand die Isarbrücke

Die neugebaute Faller Klammbrücke enthebt die alte, „gewordene" Landschaft ihrer Gesetzmäßigkeiten...

...und wird zum Prunkstück der neuen, „gemachten" Seeanlage

Wasser des Sylvensteinsees kontrolliert abgegeben werden kann, verlaufen um den Damm herum im Felsgestein der Berge die sogenannten „Ablaßstollen". Deren gibt es zwei. Der „Grundablaß-Stollen" mit einem Durchmesser von 4,90 m verläuft auf 300 m Länge durch die Flanke des Hennenköpfls. Durch ihn können maximal rund 370 m³ Wasser je Sekunde abgeführt werden. Er ist damit der leistungsfähigste Ablaßstollen. Sein Einlauf liegt am Grund des Sees, so daß man den See mit seiner Hilfe vollkommen entleeren kann. Der Abflußregulierung dienen zwei hintereinander liegende Rollschützen aus Stahl mit jeweils

19,5 m² Fläche, die über Antriebswinden und Zahnstangen in einer Felsenkaverne bewegt werden. Der Stollenverschluß und seine Öffnung kann sowohl elektrisch als auch manuell geschehen. Am Stolleneinlauf befindet sich noch ein Revisionsverschluß, mit dem der ganze Stollen für Inspektionen trockengelegt werden kann.

Auf der gegenüberliegenden Seite verläuft ein zweiter Ablaßstollen mit einem maximalen Abführvermögen von 235 m³/s. Von diesem durch die Sylvensteinwand verlaufenden sogenannten „Triebwasserstollen" führt eine Abzweigung, der Kraftwerksstollen, maximal 15 m³/s Seewasser

Das Wasser der Isar wurde durch den Grundablaßstollen (links) und den Triebwasserstollen (rechts) abgeleitet, damit die Dammbaustelle trockengelegt werden konnte

Ein Taucher vor seinem Unterwassereinsatz

Zwei solche Rollschützen begrenzen im Triebwasserstollen den Wasserdurchfluß

Stollenvortrieb mit Preßlufthammer. Manche Baumaschinen muten heute wie die Relikte einer vorzeitlichen Technik an und sind doch erst 50 Jahre alt

Mit Loren wurde das Gesteinsmaterial aus den Stollen gefahren

Die Loks der Baubahn zogen ganze Lorenzüge voll Gesteinsmaterial aus dem Stollen heraus

Arbeiter bereiten eine Sprengung vor. Der Stollenbau war eine gefährliche Arbeit

Der ausbetonierte Stollen wird inspiziert

zum Kavernenkraftwerk, wo die Strömung des Wassers zum Antrieb einer Turbine genutzt wird. Unabhängig von den Ablaßstollen, die zur Bewirtschaftung des Speichers dienen, können über ein Sicherheitsventil, die sogenannte „Hochwasser-Entlastungsanlage", bis zu 200 m³/s Wasser abgeführt werden.

Alle Ausläufe der Stollen münden in zwei „Kolkseen" unterhalb des Dammbauwerks, aus denen sich dann die weitere Isar speist. Beim Auslauf muß das Wasser seiner Kraft beraubt werden, damit es nicht den Dammfuß unterspült. Dazu dienen sogenannte „Tosbecken", an denen sich das Wasser bricht. Für den Bau des Staudammes mußte die Isar umgeleitet werden. Dazu wurde der Fluß durch Leitdämme zu den Einläufen des Grundablaßstollens und des Triebwasserstollens hingeführt. Eine rund 20 m hohe Vorsperre, ein undurchlässiger Moränenkiesteppich sowie ein 20 m tiefer, mit Tonzementsuspension injizierter „Dichtungsschleier" im Boden taten ein übriges, die Dammbaustelle trocken zu halten.

Damm

Zwischen Hennenköpfl und Sylvensteinwand verschließt die Sylvenstein-Talsperre das Isartal bei Flußkilometer 224,30. Sie hat eine Höhe von rund 41 Metern und wurde als Erddamm mit innenliegender Dichtung ausgeführt.

Das größte Problem, das die Sylvenstein-Enge für die Errichtung einer Talsperre aufwarf, stellte die durch eiszeitliche Gletscherströme entstandene Erosionsrinne dar, welche die Isar nach dem Abschmelzen der Gletscher bis in etwa 100 m Tiefe unter der heutigen Talsohle mit Kies- und Seeschlick-Lagen aufgefüllt hat. Auf diesem Grund war schlecht bauen; er war von Grundwasser durchströmt und bestand zu rund einem Viertel aus Hohlräumen.

Erst etwa 100 m unter dem Talboden schließt sich also der Fels, der ansonsten als „äußerst stabil" beurteilt wurde. So mußte zunächst einmal die mit Geschiebe aufgefüllte Erosionsrinne abgedichtet werden. Das gewährleistet die sogenannte „Dichtungsschürze", die einen Talquerschnitt von rund 5000 m² stark durchlässige Lockergesteine verschließt. Dazu wurden in Abständen von jeweils 2 bis 3 Metern senkrechte Bohrungen bis an den Felsen abgeteuft und das Injektionsmaterial über Rohre eingepresst. Zusammengerechnet ergaben sich Bohrungen von fast 13 km Länge. Durch dieses Verfahren wurden etwa 40.000 m³ quellfähiges Ton-Zement-Gel in das Lockergestein verpreßt. Für die Mischung dieser großen Menge Suspension wurde eigens eine Aufbereitungsanlage aufgebaut. Eine Störung des Baubetriebs trat ein, als Ende August 1957 ein mittleres Hochwasser den Leitdamm zum Grundablaßstollen zerstörte und das Wasser

In Arbeiterlagern wohnten die vielen Fremdarbeiter dieses Großprojekts. Für manche wurde der Isarwinkel zur Heimat

Links oben:
Schalungsbau für die Stollenwand

Rechts oben:
Zu dritt mußte man den Schlagbohrer halten

Links unten:
Die Ausgänge der Triebwasser- und Kraftwerksstollen in den Kolksee am Fuße des Dammes

Rechts unten:
Am „Energievernichter" des Auslaufbauwerks bricht sich das Wasser und fällt mit einer Gischt in den Kolksee

durch die Sylvensteinenge abfloß und dabei den fast fertig geschütteten Arbeitsdamm für die Dichtungsinjektionen wegspülte. Die Dichtungsschürze konnte trotzdem plangemäß im Herbst desselben Jahres fertigestellt werden. Zur Überprüfung der Bodenverdichtung wurden ein 11 m tiefer Probeschacht sowie mehrere Kontrollbohrungen niedergebracht. Dabei zeigte sich, daß die Injektionen die Hohlräume des Bodens gut ausgefüllt hatten und die gewünschte Dichtigkeit erreicht war.

Die Fortsetzung der Dichtungsschürze bildet im Damm der sogenannte „Dicht-

ungskern". Er besteht aus 60.000 m³ sogenanntem „Erdbeton" aus Kiessand, Seekreide, Feinsand und Betonit. Bei der Aufschüttung wurde das Material jedes mal nach 20 cm mit einer 12 t schweren Gummi-Radwalze so oft überfahren, bis die geforderte Dichtigkeit erreicht war.

Zum Schutz vor Erosion ist der Dichtungskern mit Filterschichten umgeben und mit der Felsflanke am Hennenköpfl sowie der unterirdischen Dichtungsschürze mit einer 10 cm dicken Tonschicht verbunden. Auf der Sylvensteinseite gleicht ein 40 m hoher, kegelförmiger Betonpfeiler einen bis zu 4 m

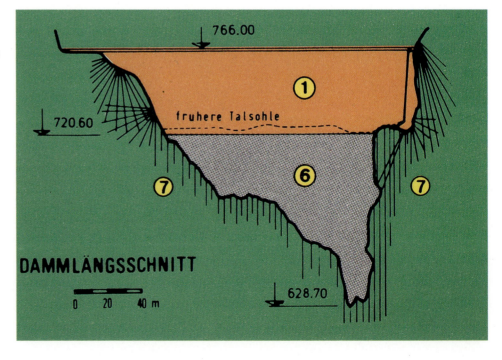

Die Erosionsrinne der Isar im Querschnitt mit Einzeichnung der „Dichtungsschürze" (grau), des früheren Talbodens, der Felsinjektionen (seitliche Linien), des „Vorsatzpfeilers" (orange, rechts) und des Dammes (orange)

vorspringenden Felsüberhang aus. In diesem sogenannten „Vorsatzpfeiler" sind Meßeinrichtungen untergebracht, die über einen Steigschacht erreicht werden können. Der Dichtungskern umschließt diesen Pfeiler wie eine Zange. Ein an den Dichtungskern wasserseitig anschließender Lehmteppich wirkt als Bremsschicht und verlängert die Sickerwege im Untergrund. Die Entwässerung des luftseitigen Stützkörpers und die Ableitung von eventuell aufsteigendem Grundwasser gewährleistet eine Flächendrainage aus groben Plattenkalksteinen.

Die bisher beschriebene Konstruktion aus Dichtungskern, Dichtungsteppich, Filter-

körper und Flächenfilter wird durch sich nach oben verjüngende Stützkörper aus Aue- und Isarkies gefestigt. Mit einem 46 t schweren Spezial-Erdtransportfahrzeug wurde der Kies großflächig verdichtet. Die Oberfläche der wasserseitigen Dammböschung wurde zum Schutz gegen Wellenschlag mit Kalkplatten aus dem Steinbruch Hellerschwang belegt. Die seeabgewandte Seite erscheint heute durch ihren Bewuchs wie eine fast natürliche Anhöhe. Die Stützkörper sind abgestuft; sogenannte „Bermen" unterbrechen die aufwärts strebenden Hangflächen. Die Bermen erhöhen die Standsicherheit des Dammes und werden

Bohrungsarbeiten an der Dammbaustelle. Die Abdichtung des Untergrunds stellte die größte Schwierigkeit dar

Arbeiter bei einer Kontrollprüfung der Untergrundabdichtung. Mit vielerlei Methoden mußte sichergestellt werden, daß der Untergrund den Damm tragen konnte

genutzt, um Wege zu führen und die Unterhaltung der Meßeinrichtungen zu erleichtern.

Der Damm wurde im Mehrschichtbetrieb erbaut. Nach dem langen Winter von 1958 konnte erst im April mit der Arbeit begonnen werden. Für die schweren Baumaschinen und -geräte mußte vorher die Straße ausgebaut werden. Die Baustelle wurde mit Beleuchtungskörpern von insgesamt 48.000 Watt an zwei Talüberspannungen beleuchtet. Für den Strombedarf wurde eine 20 kV-Leitung bis zur Baustelle verlegt, die man später auch gleich für die Abführung des im Kraftwerk erzeugten Stroms nutzen wollte. Zwei steile Rampen ermöglichten die Auffahrt. Auf einer Rampe verkehrten zu Spitzenzeiten bis zu 150 Fahrzeuge pro Stunde!

Zum Ende der Bauzeit traf im Juni 1959 eine Hochwasserwelle von bis zu 600 m³/s in den Speicherraum. Der Sylvensteinspeicher mußte seine erste Bewährungsprobe bestehen. Weder am nahezu fertigen Dammbauwerk noch in den Unterliegerstädten und -gemeinden waren Schäden zu verzeichnen.

Die Baustoffhalden, im Hintergrund links ein Arbeiterlager

Oben links:
In drei Abschnitten wurde nacheinander die
gesamte Talbreite am Sylvenstein für den Dammbau
vorbereitet und der Grund abgedichtet

Oben rechts:
Um dem Wasserandrang standzuhalten, wurde der
seeseitige Dammstützkörper bituminiert

Unten links:
Immer wieder mußte das für den Damm
aufgeschüttete Material verdichtet werden

Unten rechts:
Das Dammbauwerk luftseitig: Links und rechts
Kolkseen, unten die Isarbrücke

Kavernenkraftwerk

Eingehende hydrologische Untersuchungen haben gezeigt, daß unter den gegebenen Verhältnissen der Bau eines Kraftwerkes zur Verarbeitung der aus der Talsperre abfließenden Wassermengen wirtschaftlich und sinnvoll ist. Bautechnische Überlegungen führten in Anbetracht der besonderen „örtlichen Gegebenheiten (schwierige Gründung, beengte Platzverhältnisse, Hochwassergefährdung des Geländes) zur Errichtung eines Kavernenkraftwerkes.

Das Kraftwerk am Sylvenstein war das erste in Deutschland, das in einer Felsenkaverne untergebracht wurde. Mit einem Sicher- heitsabstand von 50 m zum Triebwasserstollen bietet die Kaverne die Vorteile eines sicheren Untergrundes im Hauptdolomit-Gestein und kurzer Wasserzu- sowie -abläufe. Das Kraftwerk wird von der Schaltwarte im Betriebsgebäude aus ferngesteuert und überwacht.

Die Turbine des Kraftwerks ist eine Rohr-

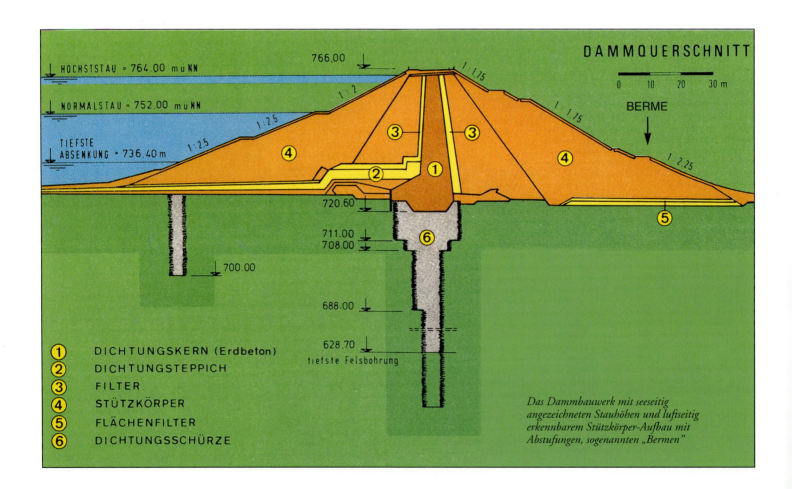

DAMMQUERSCHNITT

HÖCHSTSTAU = 764.00 m ü.NN
NORMALSTAU = 752.00 m ü.NN
TIEFSTE ABSENKUNG = 736.40 m

766.00
720.60
711.00
708.00
700.00
688.00
628.70 — tiefste Felsbohrung

BERME

1 : 1.75
1 : 2
1 : 2.5
1 : 2.5
1 : 1.75
1 : 2.25

① DICHTUNGSKERN (Erdbeton)
② DICHTUNGSTEPPICH
③ FILTER
④ STÜTZKÖRPER
⑤ FLÄCHENFILTER
⑥ DICHTUNGSSCHÜRZE

Das Dammbauwerk mit seeseitig angezeichneten Stauhöhen und luftseitig erkennbarem Stützkörper-Aufbau mit Abstufungen, sogenannten „Bermen"

Bauarbeiten am Einlaufbauwerk

Bild oben rechts:
Bei den Arbeiten am Dammbauwerk bedurfte es
im Vergleich zu heute noch vieler Menschen
Hände

Bild rechts:
Reger Verkehr herrschte an der Rampe zur
Dammbaustelle

turbine, die speziell für diese Anforderungen
entworfen wurde und ebenfalls zum ersten
Mal hier installiert wurde. Das herab-
strömende Triebwasser wird durch verstell-
bare Leitrad-Schaufeln dem siebenflügeligen
„Kaplanlaufrad" mit 1,46 m Durchmesser
zugeführt. Mit einem maximalen Durchfluß
von 15 m³/s und einer mittleren Fallhöhe
von 26 m, die sich aus der Stauhöhe des
Sees ergibt, leistet die Rohrturbine bei einer
Betriebsdrehzahl von 452 Umdrehungen
pro Minute 3.800 PS. Daraus erzeugt ein
Drehstromgenerator eine Leistung von
3.400 kW bei einer Spannung von 6.300
Volt, die im Regelfall in das Netz der Isar-
Amper-Werke (IAW) eingespeist werden.
Die Jahresstromerzeugung beträgt seit der
Teilrückleitung der Isar etwa 21 Mio. kWh.
Bei einer Trennung vom IAW-Netz (z.B.
Netzstörung) wird der erzeugte Strom zur
Versorgung der Sylvenstein-Betriebsanlagen
und der Ortschaft Fall im sogenannten
„Inselbetrieb" verwendet.
Betreiber des Kraftwerks ist der Freistaat
Bayern, vertreten durch die „Landeskraft-
werke" mit Sitz in Regensburg, eine Be-
hörde, die landesweit den Strom von Klein-
kraftwerken an staatlichen Talsperren ver-
treibt. Die Landeskraftwerke sind kein
gewinnorientiertes Unternehmen; alle ihre

*Schaulustige auf dem fertigen Damm
„begutachteten" das Werk der Wasserbauer*

Das Betriebsgebäude am Sylvenstein. Hier laufen alle Kontrollmeldungen zusammen

Die Schaltwarte im Betriebsgebäude des Sylvensteinspeichers

Die Turbine des Sylvensteinkraftwerks wird eingebaut

Die „Kaplan-Turbine" ist für einen maximalen Durchlauf von 15 m³ Wasser pro Sekunde ausgelegt

Der Kraftwerksraum in der Felsenkaverne. Am Boden steht die Turbine, darüber befinden sich Steuerungseinrichtungen und die Zugänge

Kraftwerke ordnen sich den wasserwirtschaftlichen Belangen der jeweiligen Talsperren unter. Der erzeugte Strom wird in die Netze der regionalen Stromversorgungsunternehmen eingespeist. Das Kraftwerk am Sylvensteinspeicher ist das größte und bei weitem auch wichtigste Kraftwerk innerhalb der Landeskraftwerke. Es wird vom Speicherpersonal des Wasserwirtschaftsamtes Weilheim betrieben.

Fall

Können Sie mir nach Neu-Fall folgen? Etwa 5 km unterhalb der Sylvensteinmauer überqueren wir die Isar und folgen ihr zur Linken aufwärts bis zur Einmündung des Schronbaches. Hier verlassen wir die Isar und fahren etwa 2,5 km im reizvollen Schronbachtal weiter, bis wir nach links in Richtung Fall abbiegen. Nur noch 5 km und wir sind da.

In Neu-Fall?
Ja, Fall liegt auf einem Moränenrücken in 840 mNN Höhe, direkt an der Mündung des Wilfetsbaches.

Nein. Neu-Fall liegt auf dem Schuttkegel der Dürrach, wo am „Rammetsboden" früher der schönste Wald stand, zehn Meter über dem Höchststauziel des Sylvensteinsees. Also auf 774 mNN, 66 m tiefer als der Standort am Wilfetsbach. Doch der Planentwürfe für den Speicher, den Damm und damit verbunden auch die Ortschaft Fall waren mehrere, und so erschien auch die obige Lage für Fall auf der anderen Seeseite denkbar, falls das Großspeicher-Projekt ausgeführt worden wäre. Vorderriß

wäre in diesem Fall übrigens auch eingestaut worden und es würde heute im weiteren Rißtal einen Ort Neu-Vorderriß geben.

Doch zunächst einmal: Was geschah mit Alt-Fall? Das Unterdorf, das Mitteldorf, das Oberdorf, nicht zu vergessen die Bebauung an der Walchen, sie alle lagen auf dem Boden des neuen Sees. Das Faller Tal hatte sich zu einer Großbaustelle verwandelt: Die Wälder wurden bis auf eine bestimmte

Höhe gerodet, die neuen Straßenverläufe an den Hängen und über die Klamm gebaut, Stollen in die Felsen getrieben, die Isar umgeleitet, die alten Straßen aufgerissen, und auch die Gebäude von Fall wurden abgetragen. Der Seeboden wurde planiert und verdichtet, der Humus abgefahren. Als der Speicher im April 1959, als es stark regnete, erstmals eingestaut wurde, stand nur mehr das Forstbedienstetenhaus im Oberdorf, weil sich darin der pensionierte Forstarbeiter Rudolf Todeschini zur Stär-

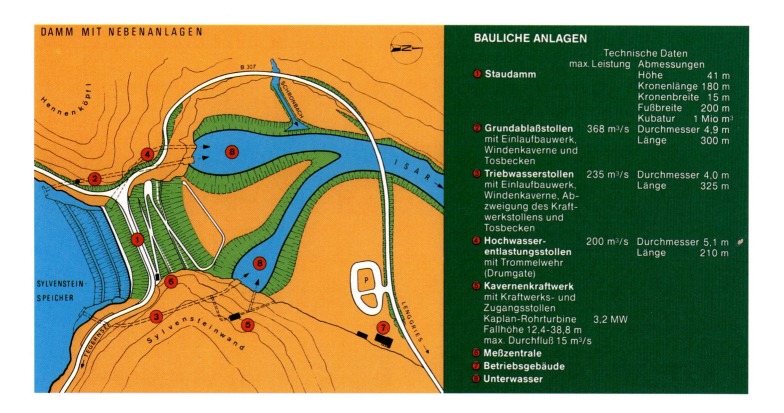

DAMM MIT NEBENANLAGEN

BAULICHE ANLAGEN

		Technische Daten
	max. Leistung	Abmessungen
❶ **Staudamm**		Höhe 41 m
		Kronenlänge 180 m
		Kronenbreite 15 m
		Fußbreite 200 m
		Kubatur 1 Mio m³
❷ **Grundablaßstollen**	368 m³/s	Durchmesser 4,9 m
mit Einlaufbauwerk, Windenkaverne und Tosbecken		Länge 300 m
❸ **Triebwasserstollen**	235 m³/s	Durchmesser 4,0 m
mit Einlaufbauwerk, Windenkaverne, Abzweigung des Kraftwerkstollens und Tosbecken		Länge 325 m
❹ **Hochwasserentlastungsstollen**	200 m³/s	Durchmesser 5,1 m
mit Trommelwehr (Drumgate)		Länge 210 m
❺ **Kavernenkraftwerk**		
mit Kraftwerks- und Zugangsstollen Kaplan-Rohrturbine Fallhöhe 12,4-38,8 m max. Durchfluß 15 m³/s	3,2 MW	
❻ **Meßzentrale**		
❼ **Betriebsgebäude**		
❽ **Unterwasser**		

Links: Alt-Fall vor dem Ende: Am Hang kündet bereits die neue Straße von einer anderen Zeit

Oben: Hab und Gut von rund 100 Fallern mußten transportiert werden

Unten links: Möbelwagen hatten 1957/58 in Alt-Fall eine Menge zu tun

Unten: Die Gleise der Holzbahn ins Bächental wurden abgebaut. Entlang ihres Verlaufs führt heute eine Straße ins Bächental

Bildmitte: Der abgeholzte Rametsboden für die Anlage der Siedlung „Neu-Fall"

Neben den Überresten von Alt-Fall wird der Humus des künftigen Seebodens abgetragen

Der Jägerbauernhof, das spätere Forstamt, wird abgerissen

kung seiner Verhandlungsposition weigerte, auszuziehen. Der See stieg schneller als erwartet. Nachdem am Sonntag, den 19. April, die Schützen der Ablaßstollen weiter geschlossen worden waren, um die Aufstauung zu beginnen, war von diesem letzten Gebäude von Fall bereits am Montag nur mehr das Dach zu sehen. Todeschini war am Sonntag nachmittag zwangsevakuiert worden. Wie für alle Pensionisten bestand auch für ihn keine Aussicht darauf, in Fall bleiben zu dürfen. Nach Neu-Fall durften nur aktiv beschäftigte Forst-, Zoll- und Polizeiangestellte hinaufziehen.

Nun stand das letzte Haus von Fall als stummer, lebloser Zeuge einer vergangenen Zeit im Wasser. Wie sollte man es abtragen? An ein Auslassen des Sees war nicht zu denken, denn nun, elf Jahre nach der Rißbachableitung, wollte man endlich die Möglichkeit der Niedrigwasser-Aufbesserung nutzen. Zudem stand die Hochwasser-Saison vor der Tür. So wurde zuerst der Dachstuhl vom Wasser aus abgetragen, dann wurden Pioniere aus Mittenwald damit beauftragt, die Mauern zu sprengen. Für sie war es eine Übung. Mit zwei Sprengladungen um 12.30 Uhr und um 15.16 Uhr wurde es am Freitag, den 22. Mai 1959, zerstört.

Der Wald am „Rametsboden", an der Stelle des heutigen Ortes Fall, wurde 1955 abge-

holzt, '56 war Baubeginn. Sobald ein Haus fertiggestellt worden war, mußten die Forstamtsarbeiter und -angestellten im Jahr 1957 von einem Tag auf den anderen umziehen. Die Beamten durften noch Wünsche äußern, was Kleinigkeiten der Ausstattung betraf. Der Umzug stand nur Familien offen, deren Ernährer aktiv im Arbeitsleben stand. Pensionisten und Rentner mußten sich anderweitig umschauen. Die Wohnungssuche gestaltete sich damals allerdings weniger schwierig als heutzutage. Die Spediteure Kinshofer aus Lenggries und Haibel aus Tölz fuhren Ladung um Ladung aus der jahrhundertealten Siedlung im wasserreichen Tal heraus.

Es entstand die merkwürdige und für Manche wehmütige Situation, in Neu-Fall bereits zu wohnen, zur Schule und in die Kirche, jedoch noch den Hang rechts der neuen, riesigen Faller-Klammbrücke ins Oberdorf hinunterzugehen und auf diese Weise noch einmal in die alte Zeit einzutauchen. Irgendwann war auch das Schulhaus mit der Lehrerwohnung in Neu-Fall errichtet; Lehrer Hüttl konnte mit seiner Klasse und den Requisiten für den Unterricht umziehen. Und irgendwann versammelte sich die Gemeinde auch zum letzten Gottesdienst in der alten Marienkirche; das neue Gotteshaus mit Pfarramt und Keller stand bereits im Zentrum des neuen Ortes. Pater Mohr wird sich von „seiner" Kapelle, von der Patronin, der

Links:
Zwei stumme Zeugen: Das letzte Faller Haus und ein Baum im Wasser des Stausees

Oben: Sepp Tristberger bei Abbrucharbeiten am letzten Faller Haus. Der letzte Faller Bürger war zwangsevakuiert worden, nachdem das Haus bereits eingestaut wurde

Bei niedrigem Wasserstand kann man noch die ein oder anderen Grundmauern von Fall erkennen.

Himmelskönigin Maria, und vom Christus am Kreuz verabschiedet haben, um dieses „Zelt" abzubrechen und an anderer Stelle neu aufzuschlagen. Man kann sich vorstellen, mit welch vagen Gefühlen die Standbilder, Votivgaben und alles Inventar aus der Kirche herausgenommen und in dem Bewußtsein einer Prozession zur neuen Kirche hinaufgetragen oder -gefahren wurden. Sie wurde am 24. August 1958 eingeweiht: Es

war das erste Fest im neuen Dorf mit Blasmusik und Fahnenabordnungen.

Haus für Haus wurde in Alt-Fall abgetragen, zuerst im Unterdorf und an der Walchen - die Kruzifixe am Sylvenstein und am Isaranger, das Zollamt und die Polizeistation, die Geleise und die Bockerlhütte, die Holzerhütten an der Dürrach - dann im Mitteldorf

- die Schmiede, das Zerwirkgewölbe - und zuletzt im Oberdorf - das Forstamt, der Faller Hof, Jäger- und Gamshäusl, der Rieschenstadel, die Mautstation, die Grindelbrücke, die Kapelle und der Pfarrhof, die Schule. Stück für Stück verschwand diese alte Welt, wurden mit den Gebäuden und Orten auch die Knotenpunkte des menschlichen Kontakts abgebaut; von jetzt an wurde vieles Vergangenheit und dem

Das neue Fall von der Einfahrt aus. Links das Hotel „Jäger von Fall" mit Terrasse, rechts neben der Kirche der Postbus

Schicksal des Gedächtnisses ausgeliefert. Die „gebaute Geschichte" dieses geschichtsträchtigen und gerade in vergangenen Zeiten exponierten Platzes an den Stromschnellen der Isar in der Felsenenge wurde abgetragen. Im Feuerschein der brennenden letzten Reste wurde das alte Fall zur Erinnerung. Daneben mußten sich die neu zusammengewürfelten Bewohner von Neu-Fall mit dieser fortgeschrittenen Wirklichkeit auseinandersetzen und sich darin ihren neuen Platz suchen. Die inzwischen busweise herangeführten Schaulustigen erleichterten diesen Prozeß nicht gerade. Hier schauten die angereisten Fremden den Faller Bewohnern wie irgendwelchen Ureinwohnern in die Fensterscheiben, als sich die Neu-Faller selbst noch bzw. wieder fremd waren. Das alte Fall war ja eine dreigeteilte Siedlung mit großen Wiesenflächen dazwischen und der Isar und der Dürrach mitten hindurchfließend gewesen. Das neue Fall nun erschien so, als ob man die Häuser zusammengezogen hätte und alle unbebauten Flächen und die Gewässer dazwischen einfach weggelassen hätte. Die Faller saßen nun enger aufeinander, was siedlungstechnisch zwar nur Vorteile, für die Menschen aber durchaus Defizite mit sich brachte. Die alten ehemaligen Faller Mitbewohner mußten durch die Umsiedlungspolitik der staatlichen Stellen - Forst, Grenzpolizei und Zoll - den Neu-Fallern schmerzlich wie wegradiert

erscheinen. Altgewohnte Einrichtungen wie eine Gaststätte oder die Kramerei der Frau Stettner suchte man hier vergeblich. Dort, wo heute das Seminar-Hotel „Jäger von Fall" steht, wurde anfangs ein Brauereizelt errichtet, um die Bauarbeiter, Bewohner und Ausflügler zu bewirten. Auch die Gaststätte „Faller Hof" gibt es erst seit der Zeit, nachdem die Schule 1967 aufgelöst wurde und die Schüler zum Sprengel der Lenggrieser Schule eingegliedert wurden.
Die Häuser in Neu-Fall waren in aller Eile fertiggestellt worden. Als Putz hatte man Zement verwendet, weshalb die Wände dieser Häuser nicht richtig „atmen" können und auch heute noch feucht sind. Zum Heizen dienten anfangs auch weiterhin Holzöfen.

Die Marienkirche in Neu-Fall entsteht

... und so, wie es aussieht, wird nun Fall ein weiteres Mal vor die Existenzfrage gestellt: Das Forstamt, immer noch eines der größten in Bayern, wird aufgelöst. Was in der Bevölkerung der näheren Region Unverständnis auslöste, trifft die 105 Faller Bürger an ihrer Lebensader, trifft den Flecken überhaupt zentral. Denn nahezu alle Gebäude und Grundstücke befinden sich in Staatseigentum. Doch wie lange noch? Ein Rückzug des Eigners und Arbeitgebers stellt nun die nächste Generation Faller Bürger vor die Frage: Soll ich, kann ich hier noch bleiben?

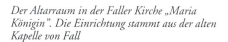

Der Altarraum in der Faller Kirche „Maria Königin". Die Einrichtung stammt aus der alten Kapelle von Fall

Im heutigen Seminarhotel „Jäger von Fall" werden Tagungen abgehalten

Bevor das vorherige Hotel „Jäger von Fall" hier entstand, wurde gegen Durst und Hunger der Schaulustigen in einem Bierzelt „gekämpft"

Das Forstamt von Neu-Fall wurde 1996 aufgelöst

Viele Augen folgten dem Aufbau der neuen Ortschaft

Speicherbewirtschaftung

Die Hauptaufgaben des Sylvenstein-speichers sind zum einen die Sicherung einer ausreichenden Niedrigwasserführung in der Isar und zum andern der Hochwasserschutz für die Siedlungen entlang des Flusses unterhalb des Speichers.

Zur Gewährleistung eines ausreichenden Niedrigwasserabflusses der Isar wird der Speicher so gesteuert, daß am Pegel Bad Tölz im Winterhalbjahr mindestens 10 und im Sommerhalbjahr mindestens 20 m³/s abfließen. Diese jahreszeitliche Staffelung entspricht etwa der natürlichen mittleren Verteilung des Jahresabflusses der Isar.

Durch die weitgehende Rückhaltung von Hochwassern der Isar übt der Speicher eine maßgebliche Hochwasser-Schutzfunktion insbesondere für Bad Tölz und München aus.

Damit der Speicher seinem Zweck entsprechend bewirtschaftet werden kann, benötigen die verantwortlichen Stellen am Wasserwirtschaftsamt Weilheim aufschlußreiche Informationen über die Niederschlagsentwicklung und über das Abflußverhalten im Einzugsgebiet der Isar.

Als Entscheidungshilfe für die Bewirtschaftung, ganz besonders im Hochwasserfall, werden heute EDV-gestützte mathematische Modelle eingesetzt, mit denen die aus den Niederschlägen resultierenden Abflüsse im Einzugsgebiet der Isar und die

Neu-Fall mit modernen Häusern. Hier hatte erstmals jede Familie ihr eigenes Badezimmer

zugehörigen Speicherabgaben berechnet werden können. Das Bewirtschaftungsmodell am Sylvensteinspeicher ermöglicht Abflußvorhersagen. Dabei ist eine wesentliche Voraussetzung für den Einsatz und die Qualität des Vorhersagemodells die Kenntnis und die rasche Bereitstellung der erforderlichen meteorologischen und hydrologischen Daten. Dazu wurde im Einzugsgebiet der Isar ein Netz von Meßstationen mit Datenfernübertragung installiert. Damit werden Wasserstände, Abflüsse sowie Niederschläge im Betrachtungsgebiet automatisch gemessen und zusammen mit den

Niederschlagsvorhersagen des Deutschen Wetterdienstes in die Rechenanlagen der Betriebsleitstellen übertragen, geprüft und verarbeitet.

Anlagensicherheit

Die ständige eigenverantwortliche Überwachung der Talsperre durch den Betreiber ist ein wichtiges Element für die Gewährleistung der Betriebsfähigkeit und den einwandfreien Zustand der Speicheranlage. Die wichtigste Aufgabe ist die kontinuierliche Überwachung des Staudammes hin-

Blick aus der Wirtsterrasse des Hotels „Jäger von Fall" zur Kirche

sichtlich seiner Standsicherheit, die Zustands- und Funktionskontrollen der Anlagenbauwerke sowie der Stollenverschlüsse. Die Voraussetzungen dafür sind zum einen ein qualifiziertes Fachpersonal und zum anderen ein entsprechendes Mess- und Kontrollsystem, mit dem die Beurteilung der Anlagensicherheit zuverlässig ermöglicht werden kann.

Am Sylvensteinspeicher werden täglich - im Hochwasserfall bis zu stündlich - Dammkontrollmessungen durchgeführt, um festzustellen, ob sich das Dammbauwerk normal verhält und gegebenenfalls frühzeitig

ein anormales Verhalten zu erkennen. Für die rationelle und systematische Beurteilung der Kontrollmessungen ist eine moderne automatische Meßwert-Erfassungsanlage und ein EDV-gestütztes Überwachungsmodell im Einsatz, mit dessen Hilfe rund 120 Meßstellen bezüglich Sickerwasser, Porenwasserdruck, Wasserstände und mehr bearbeitet werden. Unabhängig von den automatischen Einrichtungen können alle Messungen auch manuell durchgeführt werden.

Durch die regelmäßige aufmerksame Begehung und Wartung der Anlagen sowie

Ein Bootssteg im See 1968

SYLVENSTEINSPEICHER

	HOCHWASSERSICHERHEIT	
	UNTERLIEGERSCHUTZ	**DAMMSICHERHEIT**
Zu erfüllende Aufgabe	Schutz der Unterlieger vor Isarhochwasser	Verhinderung der Überströmung des Dammes im Katastrophenfall
Erforderlicher Schutz	Schutz für die Unterlieger vor einem **Jahrhunderthochwasser**, vornehmlich für die Städte Bad Tölz und München	Schutz des Sperrenbauwerkes vor einem **Jahrtausendhochwasser**, bei gleichzeitigem Versagen des Grundablaßstollens (n-1 Fall)
Mittel um den erforderl. Schutz zu gewährleisten	genügend großer Hochwasserrückhalteraum (sog. Retentionsraum)	ausreichend leistungsfähige Hochwasserentlastungsmöglichkeiten
Erforderliche Nachrüstungsmaßnahmen	**Dammerhöhung:** Vergrößerung des Speichervolumens durch Erhöhung des Absperrbauwerkes um 3 m (2m Dammerhöhung plus 1m Kronenmauer)	**Zusätzliche Hochwasserentlastungsanlage** Bau einer zus. Hochwasserentlastungsanlage (Sicherheitsventil) mit einer maximalen Leistungsfähigkeit von 400 m³/s
	Beide Maßnahmen zusammen bringen den Sylvensteinspeicher wieder auf den neuesten Stand der Technik. Seine Schutzfunktion zum Wohle der Unterlieger ist damit auch in Zukunft sichergestellt.	
Ausführung	Raumordnungsverfahren im Dez 1994 abgeschlossen ; Planfeststellungsverfahren im April 1996 beantragt, seit März 1997 rechtskräftig ; Baubeginn Spätsommer 1997 ; Bauende vorraussichtlich im Jahr 2000	Planfeststellungsverfahren im Oktober 1993 beantragt, seit Juli 1994 rechtskräftig ; Baubeginn seit Herbst 1994 ; Bauende im Frühjahr 1997

Die Sicherheit des Speichers hat zwei Aspekte

die Überprüfung der Funktionsfähigkeit der Stollenverschlüsse und der Hochwasser-Entlastungsanlage können Mängel frühzeitig erkannt und deren Beseitigung schnell veranlaßt werden, so daß die Sicherheit der Anlage jederzeit gewährleistet ist. Sämtliche Speicher- und Kraftwerksanlagen werden durch ein modernes Objektschutzsystem gegen Gefährdung, Einbruch und Störversuche geschützt. Das für die Sicherheit zuständige Betriebspersonal wird über ein modernes Meldesystem über Unregelmäßigkeiten, Störungen und Gefährdungen in den Anlagen rund um die Uhr benachrichtigt. Alle wesentlichen Betriebsvorgänge, Überwachungs- und Funktionskontrollen, Wartungs- und Reparaturarbeiten sowie Störmeldungen werden in Form von Tagesberichten dokumentiert und im Betriebstagebuch zusammengefaßt. Vom Betriebsbeauftragten wird schließlich - für das jeweils abgelaufene Jahr - ein Bericht aufgestellt, in dem auf die diversen Vorgänge und daraus abzuleitenden Schlußfolgerungen eingegangen wird. Dieser Jahresbericht wird den vorgesetzten Fachbehörden zur Prüfung vorgelegt.

Bei den Arbeiten am Triebwasserstollen geschah am 5. Oktober 1955 ein Explosionsunglück, bei dem zwei Arbeiter ums Leben kamen. Insgesamt ließen fünf Arbeiter ihr Leben beim Bau des Sylvensteinspeichers.

*Beerdigung eines
Unfallsopfers beim
Speicherbau*

*Gedenktafel beim Bau in der
Sylvensteinwand an der Dammstraße
für die Todesopfer*

Das Bauwerk in Zahlen.

Speicher

Stauziele:	Normal: 752 mNN
	Höchstes: 764 mNN
	Tiefstes: 736,4 mNN
Stauräume:	Verlandungsschutz: 5 Mio. m³
	Niedrigwasser-Aufhöhung: 40 Mio. m³
	Hochwasser-Rückhaltung: 59 Mio. m³
	Gesamt: 104 Mio. m³
Tiefe:	27 m bei Normalstau (Vegetationsgrenze)
überstaute Täler:	Isar: 8 km
	Dürrach: ca. 2,5 km
	Walchen: ca. 3 km
Isar-Geschiebesperre:	Fluß-km 230
See-Oberfläche:	3,93 km² bei Normalstau,
	6,14 km² bei Höchststau
Einzugsgebiet:	1138 km² bis zur Talsperre
Wasserbeschaffenheit:	kalkreich
PH-Wert:	leicht alkalisch
Nährstoffgehalt:	nährstoffarm (oligo- bis mesotroph)
Fischarten:	Äsche, Aitel, Bach-, See- und Regenbogenforelle,
	Flußbarsch, Hecht, Renke, Schleie und Zander
Fischereirechte:	Gemeinde Lenggries
Pächter:	Fischereiverein Lenggries
Betreiber:	Freistaat Bayern, vertreten durch das
	Wasserwirtschaftsamt Weilheim
Bauzeit:	1954 bis 1959
Inbetriebnahme:	1959

In einer Baracke wurden Besuchern die Baumaßnahmen an Karten und Diagrammen erläutert

Damm

Typ:	Kiesdamm mit zentral liegendem Dichtungskern aus „Erdbeton"
Sperrenstelle:	Fluß-km 224,3
Höhe:	ca. 41 m
Freibord:	2 m
Kronenlänge:	180 m
Kronenbreite:	15 m
Tiefe der Dichtungsschürze:	ca. 100 m

Stollen

Grundablaß:	Länge: ca. 300 m
	Durchmesser: 4,90 m
	Leistungsfähigkeit: max. ca. 370 m³/s
Triebwasser:	Länge: 325 m
	Durchmesser: 4 m
	Leistungsfähigkeit: max. 235 m³/s
Hochwasser-entlastung:	Länge: 210 m
	Durchmesser: 5,1 m
	Leistungsfähigkeit: max. 200 m³/s

Kraftwerk

Typ:	Kavernenkraftwerk
Turbine:	Kaplan-Rohrturbine
Durchfluß:	max. 15 m3/s
Leistung:	3,2 MW
Stromerzeugung:	21 Mio. kWh mittlere Jahresstromerzeugung

Bauablauf

1954, April:	Auffahren des Grundablaßstollens
1955:	Rametsboden wird abgeholzt
1955, Herbst:	Bohr- und Verpreßarbeiten in der Dammachse
1956:	Baubeginn Neu-Fall
1957:	Umzüge von Fall nach Neu-Fall
1957, September:	Ableitung der Isar durch den Grundablaßstollen
1957, Herbst:	Fertigstellung der Dichtungsschürze
1958, April:	Beginn Staudamm
1958, Ende:	Erreichen der Dammkrone
1959, April:	Beginn des Einstaus

Der Besucherparkplatz kurz vor der Brücke

Die letzten Demontagearbeiten wurden von den Pionieren vorgenommen und dann sprengte man die letzten Mauern

Bauzeitenplan Sylvensteinspeicher	1954	1955	1956	1957	1958	1959	1960
Bauwerke	5 6 7 8 9 10 11 12	1 2 3 4 5 6 7 8 9 10 11 12	1 2 3 4 5 6 7 8 9 10 11 12	1 2 3 4 5 6 7 8 9 10 11 12	1 2 3 4 5 6 7 8 9 10 11 12	1 2 3 4 5 6 7 8 9 10 11 12	1 2 3 4 5 6 7 8 9 10 11 12
Grundablaßstollen							
Triebwasserstollen							
Hochwasserentlastungsstollen							
Kraftwerkanlagen							
Fels- und Lockergesteindichtung							
Felsflankenverpressung							
Vorarbeiten im Isarbett und Vorsperre							
Sperrdamm mit Nebenanlagen							
Neubau Fall mit Kanalis. und Abwasserbes.							
Fallerklammbrücke							
Rauchstuben- und Geißalmbrücke							
Straßen- und sonstiger Brückenbau							
Restarbeiten Sylvensteinbau							
Restarbeiten Alpenstraßenbau							

Seltener Anblick des Dammes kurz vor dem Einlaß des Wassers.
Links der Grundablaßstollen. Rechts der Triebstollen

Franz Speer

Bleibt die Natur auf der Strecke?

Über die ökologischen
Auswirkungen menschlicher
Eingriffe.

Wenn wir die Auswirkungen der menschlichen Eingriffe betrachten wollen, müssen
wir uns zuerst die Isar als alpinen Wildfluß
näher betrachten, damit wir ermessen können, wieviel sich geändert hat.
Der alpine Wildfluß - nur Kies und Wasser?
Das ursprüngliche Bild dieser Wildflußlandschaft war geprägt durch ein „Fließgleich-
gewicht". Immer wenn der Fluß bei Hochwasser die größte Transportkraft entwickelte, versorgten ihn die Seitenflüsse und
Wildbäche ausreichend mit Kies und grös-
seren Steinen, die er abzutransportieren
hatte. Jahrtausende hindurch hielten sich
Geschiebezufuhr und -abfuhr die Waage.
Der gesamte Isarlauf bis zur Mündung war
ein Wildfluß. Noch heute können wir uns
den Rest einer alpinen Wildflußlandschaft

Zwischen Sylvensteinspeicher und
 Wallgau gräbt sich die Isar
immer neue Rinnen in ihr Bett

oberhalb des Sylvensteinsees anschauen. Hier ist die Isar in viele Rinnen aufgespalten. Sie streben auseinander, finden wieder zusammen und umfließen eine Vielzahl von kleinen und größeren Kiesinseln. Manche sind mit einem dichten Wald bzw. Gebüsch bewachsen, andere mit schütterem Bewuchs, die meisten jedoch sind nahezu völlig kahl. Große Hochwasser, meist im Frühsommer, setzen weite Teile der Aue unter Wasser. Sie bewegen gleichzeitig Unmengen von Geschiebe, das sich aus feinstem Sand bis hin zu großen Steinen und Totholz zusammensetzt. Die Isar verlagert ihren Lauf, bahnt neue Rinnen, während sie die alten zuschüttet, bis das nächste Hochwasser auch diese wiederum verkümmern läßt und eine vorher unbedeutende Rinne zum Hauptarm erweitert. Dazwischen liegen die meist vegetationslosen Kiesinseln. Nach Abklingen des Hochwassers bleibt eine veränderte Landschaft zurück: Solche Flußabschnitte werden deshalb als „Umlagerungsstrecken" und wegen ihres urwüchsigen und scheinbar regellosen Charakters auch als „wild" bezeichnet.

Durch die vielen unbewachsenen Kiesbänke wirken Wildflußlandschaften auf den ersten Blick „unaufgeräumt" und öde, doch bei genauerer Betrachtung findet man eine erstaunliche Vielfalt an Erscheinungsformen: Nährstoffarme, grundwasserbeeinflußte Tümpel, durch Oberflächenwasser gespeiste Bäche, trockene Sand- und Kiesstandorte,

Gegenüberliegende Seite:
Im angeschwemmten Totholz leben seltene Käfer

„Umlagerungsstrecken": Im Kiesbett sucht sich das Wasser immer neue Wege

Ganz oben: Flußregenpfeifer

Oben Mitte: Flußuferläufer sind selten geworden

Unten Mitte: Die Gefleckte Schnarrheuschrecke ist ein typischer Bewohner offener Kiesbänke

Ganz unten rechts: Kreuzotter

Magerrasen und feuchte Wiesen, unregelmäßig überschwemmte Gebüsche und Auwälder wechseln einander ab. Hier leben Tier- und Pflanzenarten, die sich an diese speziellen Bedingungen angepaßt haben. Auf den offenen Kiesbänken brüten selten gewordene Vogelarten wie Flußregenpfeifer, Flußuferläufer und Flußseeschwalbe. Zauneidechsen und verschiedene Heuschrecken sind ebenfalls zu beobachten. Die Gefleckte Schnarrschrecke ist ein typischer Bewohner offener Kiesbänke. Sie kommt nur noch an der Oberen Isar in größerer Zahl vor. In den Uferbereichen suchen Laufkäfer und Spinnen nach angespülten Insekten. Tagfalter, Wildbienen und Käfer besuchen die zahlreichen Blütenpflanzen. Und im reichlich angeschwemmten Totholz leben seltene Bock- und Prachtkäfer. Als wahre Überlebenskünstler sind diese Arten an die ständige Veränderung ihres Lebensraumes angepaßt. Aber auch die Deutsche Tamariske, die in Deutschland vom Aussterben bedroht ist, kann man hier noch im kräftigen Wachstum kennenlernen. Damit sie nicht vergreist und abstirbt, benötigt sie regelmäßige Überschwemmungen.

Warum besiedeln diese Arten einen so extremen Standort? Weil sie frisch entstandene Kiesbänke besiedeln, müssen sie zeitweilige Überflutungen und Überschüttungen mit Geröll genauso ertragen wie längere Trockenzeiten. Dafür halten ihnen andererseits diese kleinräumigen „Naturkatastrophen" lästige Konkurrenten vom Leib. Wenn die Kraft des Hochwassers und das dabei bewegte Geschiebe zunächst auch lebensbedrohend erscheint, so sind sie für die Tiere und Pflanzen der Wildflußlandschaften doch lebensnotwendig. Sie brauchen dieses dynamische System.

Der Wildfluß wird gebändigt

Seit langem versuchen die Menschen, die Wildflüsse zu bändigen. Bis zum Ende des letzten Jahrhunderts war die Isar noch ein Wildfluß und der größte „Grundbesitzer" im Tal. Mit der Industrialisierung Bayerns war man immer mehr technisch und finanziell in der Lage, auch die alpinen Flüsse zu verändern. Noch vor 1806 existierten entlang der Isar keine nennenswerten Verbauungen. 1857 wurde dann die Isar im Mittenwalder Ortsbereich und von 1913 bis 1938 zwischen Winkl und Bad Tölz verbaut. Die Folge war, daß der zu einem Schlauch zusammengezwängte Fluß seinen Lauf verkürzte. Dadurch erhöhte sich die Abflußgeschwindigkeit und der Fluß grub sich in seine Sohle ein. Der Grundwasserspiegel sank. Überschwemmungsräume gingen verloren: Die großen Kiesflächen wurden nicht mehr von Hochwässern umgestaltet, so daß sie von Pflanzen dauerhaft erobert werden konnten.

In den Jahren 1919-1924 wurde der Bau des Walchenseekraftwerks verwirklicht.

Die Deutsche Tamariske,
ein Pioniergehölz auf alpinen Flußschottern

Damit es wirtschaftlich arbeiten konnte, leitete man vom Krüner Wehr über einen Kanal dem Walchensee bis zu 25 m³/s zusätzliches Wasser von der Isar zu. In der Folge lagen etwa elf Flußkilometer den größten Teil des Jahres trocken. Der Grundwasserspiegel sank ab. Der trockene Flußabschnitt wurde lebensfeindlich; die wenigen Pflanzen auf dem Isarkies verdorrten. Erst kurz vor der Rißbachmündung kam es durch den Zufluß der Seitenbäche und durch Grundwasseraustritt zur Neubildung des Wasserlaufs. Bei größeren Hochwassern mit Geschiebetrieb wird

jedoch das gesamte Wasser durch das Krüner Wehr gelassen, damit der Kanal zum Walchensee nicht zugeschottert wird. Das bedeutet, daß an nur wenigen Tagen im Jahr an diesem Isarabschnitt jene Dynamik mit Hochwasser und Geschiebetrieb herrscht, die den alpinen Wildfluß kennzeichnet. Durch das Fehlen des ständigen Wasserabflusses wurde vielen für dieses Flußsystem typischen Tieren und Pflanzen die Lebensgrundlage entzogen. Es fehlen alle an das Wasser gebundenen Tiere, von der Steinfliege bis zur Bachforelle. Darüber hinaus fehlen Tierarten, die auf Nahrung aus dem

Wasser angewiesen sind, wie der Gänsesäger, der nach Fischen jagt.

Der Abfluß der Rest-Isar nach all den Ableitungen und Sperrungen im Zusammenhang mit dem Walchensee- und dem Achenseekraftwerk verringerte sich im Jahresmittel um mehr als die Hälfte auf 34,3 m³/s, gemessen in Bad Tölz. Der Rißbach führt die meiste Zeit zwischen dem Wehr an der Landesgrenze und der Mündung kein Wasser. Nur bei Hochwasser kann man ihn noch als Wildfluß erleben. Das in den Walchensee abgeleitete Wasser wird der Isar über die Loisach bei Wolfratshausen wieder zugeführt.

Das Isarkraftwerk in Bad Tölz galt bis vor einigen Jahren als unüberwindbare Barriere für das Geschiebe des Flusses. 1991 hat man damit begonnen, das angelandete Geschiebe im Stauraum des Sees durch Spülungen weiterzutransportieren. Dabei werden bei einem Hochwasser die Schleusen der Sperre ganz geöffnet, um den kräftigen Strom sowohl das liegengebliebene Geschiebe als auch die am Seeboden sedimentierten Schwebstoffe in das Unterwasser transportieren zu lassen.

Über die Auswirkungen des Sylvensteinspeichers bestanden vor dessen Bau fast

Durch Verbauungen werden
dem Fluß Grenzen gesetzt

ausschließlich positive Vorstellungen: Erhöhung der niedrigen Abflüsse im Winter und Schutz vor Hochwasserschäden im Sommer. Als einzigen Nachteil empfand man die Überstauung des Isartals, insbesondere, weil dabei der Ort Fall geopfert werden mußte.

Das Geschiebe spielte bei den damaligen Überlegungen keine Rolle. Eine ausreichende Geschiebenachfuhr ist jedoch im Zusammenhang mit den Hochwasserabflüssen für die alpine Wildflußlandschaft lebensnotwendig. Doch der Sylvensteinspeicher wurde zur „Geschiebefalle": In der Zone zwischen freier Fließstrecke und dem

zum See gestauten Fluß, der „Stauwurzel", nimmt die Transportkraft der Isar rasch ab. Deshalb bleiben in den Geschiebe-Vorsperren der Speicherzuläufe Isar, Dürrach und Walchen im Jahresmittel rund 60.000 m³ grobes Geschiebe liegen, das entnommen und zur Betonherstellung und für den Straßenbau verwendet wird. Die Isar verläßt den See fast völlig geschiebefrei. Die Schwebstoffanteile wie Feinsande und Schlick werden im Hochwasserfall zum Teil durch den Speicher transportiert und zum Teil im See abgelagert. Seit der Inbetriebnahme blieben rund 4 Mio. m³ Feinmaterial im See liegen.

Was passiert unterhalb des Dammes? Der Speicher hat nicht die Aufgabe, sämtliche Hochwasser zurückzuhalten. Vielmehr soll er Katastrophen von den unterliegenden Dörfern und Städten abwenden, indem er die Abfluß-„Spitzen" der Hochwasser kappt. Das heißt, daß den See immer noch Hochwasser verlassen. Nun ist aber der Fluß bei diesen Hochwassern immer noch so stark, daß er Steine transportieren kann. Seit dem Einstau von 1959 entnimmt die Isar infolge fehlenden Geschiebematerials durch die Talsperre das benötigte Geschiebe durch Seitenanrisse und vor allem aus ihrer Flußsohle. Die unterhalb des Dammes zufließ-

Algen

enden Wildbäche sind inzwischen verbaut und bringen nur noch wenig Geschiebe. Mit der Tiefenerosion entstand aus dem verzweigten Flußlauf ein einziger Hauptarm. Dieser war weniger geschlungen und zwangsläufig kürzer, der Fluß hat sich also selbst begradigt. Damit floss und fließt das Hochwasser noch schneller ab, die Transportkraft steigt, die Isar tieft sich immer weiter ein. Die Mündungen einzelner Seitenbäche wurden in der Folge zu Abstürzen, die verhindern, daß Wassertiere einwandern können. Am sichtbarsten wirkte sich die „Geschiebefalle" am Sylvenstein auf die unverbauten Flußabschnitte aus, die bis

dahin trotz Ableitungen intakte Umlagerungsstrecken geblieben waren. Zu nennen sind hier die Bereiche vom Sylvenstein bis nach Winkl, aber auch die Pupplinger- und die Ascholdinger Auen. Bei den letzten beiden Gebieten kam noch der Geschieberückhalt durch das Tölzer Isarkraftwerk hinzu. Diese Wildflußstrecken wurden durch Geschiebedefizit ähnlich nachhaltig verändert wie durch Verbauung. Auch in der Verbauungsstrecke Winkl - Bad Tölz verschärfte sich die Tiefenerosion erneut. Aber nicht überall kam es zu weiterer Tiefenerosion. Streckenweise pflasterte sich der Fluß selbst ab, d.h. die Flußsohle besteht

nur noch aus so großen Steinen, daß sie auch bei einem Spitzenhochwasser nicht mehr bewegt werden. Ein Beispiel soll zeigen, wie sich dies auf die Lebewesen auswirkt: Eine gepflasterte Flußsohle macht es der Äsche schwer, einen Laichplatz zu finden. Sie braucht kiesig-sandigen Gewässergrund, der gut überströmt ist. Der Fisch, nach dem dieser Fließgewässerbereich den Namen „Äschenregion" trägt, ist in der Isar kaum noch anzutreffen. Eine Initiative der Fischer, den Fischen ihre Laichplätze oberhalb des Sylvensteinspeichers wieder erreichbar zu machen, konnte im Dezember 1995 zuende ge-

Die Geschiebesperre an der Isar oberhalb des Sylvensteinspeichers aus der Vogelperspektive. Links geht es nach Vorderriß, rechts zum Sylvensteinsee

bracht werden: Eine Fischtreppe soll es den Äschen ebenso wie den Seeforellen und Saiblingen ermöglichen, die Geschiebesperre südlich des Sylvensteinsees zu überwinden. Mit 16 in Schleifen angelegten Becken können die flußaufwärts wandernden Fische insgesamt 3,5 Höhenmeter überwinden.

Die Hochwasserdynamik eines alpinen Flusses ist gekennzeichnet durch Niedrigwasser im Winter und starke Hochwasser-Abflüsse in Frühjahr und Sommer. Durch die Bewirtschaftung des Sylvensteinspeichers wurden und werden Hochwasserspitzen gekappt. Damit verringern sich gerade diejenigen Abflußwellen, die das

Eine Fischtreppe macht die Isar-Geschiebesperre für flußaufwärts wandernde Fische seit 1995 passierbar

Flußbett gestalten. Das führte dazu, daß durch die Abflachung der Abflußwellen noch weniger Auenflächen überschwemmt wurden und dadurch weniger Geschiebe transportiert und umgelagert wurde mit der Konsequenz, daß größere Flächen dem ungestörten Pflanzenwachstum verfügbar wurden. Durch die Staudammerhöhung können künftig noch stärkere Hochwasser zurückgehalten und bei diesem - 50- bis 100-jährlichen - Ereignis die angesprochenen Folgen weiter verschärft werden.

Wie entscheidend der Flußabschnitt vom Damm bis zur Jachen-Mündung verändert wurde, zeigt ein Vergleich der Luftbilder von 1935 und 1994. Noch deutlicher wird die Veränderung, wenn man die pflanzensoziologische Kartierung von 1961, die als Beweissicherung dienen sollte, mit der Pflanzenkartierung von 1997 im Rahmen des Gewässerpflegeplans für den Abschnitt Sylvensteinspeicher - Bad Tölz vergleicht: Die ehemaligen Kiesflächen wachsen immer weiter zu. Über Pionierpflanzen, die den Boden verbessern, kommt es zur Besiedelung durch anspruchsvollere Pflanzen, die dann den ganzen Boden bedecken, bis schließlich diese Entwicklung beim Wald

Als wahrer Pionier wagt sich dieser Baum weit ins Flußbett vor

endet. Diesen Ablauf der Vegetationsentwicklung nennt man auch „Sukzession".

Auf grundwasserbeeinflußten Kiesflächen entwickelte sich ein üppiges Weidenwachstum. Die Weiden wiederum förderten eine Ansammlung von Material, das schnell zur Bodenverbesserung führte: Auskämmen von Schwebstoffen aus den Hochwassern und von Laubabfall. Mit der Zeit kamen Grauerlen und schattenertragende Waldkräuter auf. Dieser Grauerlen-Weiden-Wald ist dschungelartig dicht und im Sommer fast undurchdringlich. In dem mittlerweile relativ guten Boden ist die Weide gegenüber der Esche nicht mehr konkurrenzfähig. Sie stirbt ab, nicht zuletzt durch den Schatten des höher wachsenden Baumes. Diese Vegetationseinheiten haben heutzutage fast den gleichen Flächenanteil wie früher, sind aber nur noch in unmittelbarer Nähe des Flusses oder an den Mündungen der Seitenbäche anzutreffen. In diesem Grauerlen-Weiden-Wald der Isarauen kann man einige seltene Arten wie Echter Sumpfständel, Mücken-Handwurz, Sumpf-Knabenkraut und Türkenbund-Lilie antreffen. Auch viele heimische Vögel brüten in diesem Wald.

Weit häufiger verlief die Entwicklung zur Trockenaue. Eigentlich verbindet man mit der Aue immer feuchte Standorte. Bedingt durch das grobe Gestein und die Grundwasserabsenkung konnten sich hier jedoch Arten ausbreiten, die Trockenheit ertragen.

Wichtige Faktoren bestimmen diesen Standort. Der Faktor „Wassermangel" ist gegeben, weil die hohen Niederschläge schnell im groben Substrat versickern. Der Faktor „hohe Temperatur" führte dazu, daß man diese Flächen in Bayern auch „Brennen" nennt. Ein weiterer Faktor bezeichnet die fehlenden Hochwasser-Überflutungen. Auch der Faktor „Nährstoffarmut" darf nicht vergessen werden. Auf diesem kargen, ja unwirtlichen Standort können nur Pioniere wie die Silberwurz Fuß fassen, weil sie in der Lage ist, in Symbiose mit Pilzen Luftstickstoff zu binden und für sich verfügbar zu machen. In fortgeschrittener Sukzession wird die Silberwurz von der Schneeheide abgelöst. Sie nimmt mitunter große Flächen ein und erfreut immer wieder unser Auge nach einem langen Winter mit ihrem leuchtenden Rot. Auf diesen „Brennen" findet man im Isarwinkel recht vereinzelt Reif-Weide, Purpur- und Lavendel-Weide. Weit häufiger trifft man dagegen auf Blaugras, Brillenschötchen, Zypressen-Wolfsmilch, Herzblättrige Kugelblume, Gipskraut und Thymian, die zusammen im späten Frühjahr einen herrlichen Blütenteppich zaubern, von den Düften gar nicht zu sprechen! Aber auch Raritäten wie Steinrösl, Blaugrüner Steinbrech und Aurikel kann man entdecken. Auffallend ist die Vielfalt der Insekten in den „Brennen", manchmal stöbert man gar eine Rotflügelige Schnarrschrecke auf,

die, wie ihr Name sagt, einen ganz schön erschrecken kann.

Erst nach 20 bis 30 Jahren, auf manchen Flächen noch viel später, stellt sich eine lichte Strauchgesellschaft ein, in der Weiden und - vor allem auf Flächen, die beweidet wurden - die stacheligen Wacholder dominieren. Im Schatten der Weiden kommen Kiefern und Fichten auf. Noch immer nimmt die Schneeheide beträchtliche Flächen in Anspruch. Dies ist ein Vorstadium des Schneeheide-Kiefern-Waldes. In ihm sind neben den Arten, die wir bereits aus den „Brennen" kennen, viele heimische Orchideen zu finden: Mücken-Handwurz, Fliegen-Ragwurz, Geflecktes- und Helm-Knabenkraut, aber auch Deutscher und Gefranster Enzian. Dieses Weiden-Wacholder-Gebüsch hat gegenüber früher erheblich an Flächen zugenommen, weil es sich in der Wildflußlandschaft nur auf alten, lange nicht veränderten Kiesinseln entwickeln konnte. Das Endstadium dieser Sukzession ist der Schneeheide-Kiefernwald. Zutreffend schreibt Heinz Ellenberg 1963: „Eigentlich verdienen es diese kümmerlichen Föhrenheiden auf den flußnahen Kalkschottern gar nicht, als Auenwälder bezeichnet zu werden. Denn sie sind nur dort gut ausgebildet, wo sie überhaupt nicht mehr (...) vom Hochwasser erreicht werden." Typisch für diese Wälder ist, daß sich für Isarau-Verhältnisse der Boden soweit verbessert hat, daß die Krautschicht bodenbedeckend ist. Je nach Wasserhaltefähigkeit hat sich eine mehr oder minder hohe Strauchschicht mit Grauerle, Wacholder, Purpur- und Lavendel-Weide, sowie vereinzelt mit Sanddorn gebildet. Auch die Baumschicht mit Kiefer und Fichte entwickelt sich entsprechend. Noch immer prägt die namengebende Schneeheide das Bild dieser Vegetations-einheit. Zusammen mit dem Pfeifengras bildet es den Bodenbewuchs. Darin einge-streut ist ein Blütenschatzkästlein: Bienen- und Fliegen-Ragwurz, Zweiblatt: eine grüne Orchidee, und unsere größte heimische Orchidee, der Frauenschuh. Daneben kann man auf viele Enzianarten und auf das Steinrösl treffen. Die Trocken-Au mit ihren

Der für die obere Isar typische Bewuchs zeigt einzelne Pionierpflanzen auf den Kiesbänken, die den Boden für anspruchsvollere Pflanzen-gesellschaften bereiten

Sanddorn

Silberdistel

Frauenschuh

Schneeheide

verschiedenen Sukzessionsstadien nimmt mittlerweile den größten Flächenanteil ein. Die Fülle gefährdeter Arten zeigt, daß auch diese Biotope schützenswert sind. Allerdings haben wir es hier im Gegensatz zum dynamischen System der alpinen Wildflüsse mit Biotopen zu tun, deren Sukzession unumkehrbar in Wald - einem statischen System - enden.

Der Bau des Sylvensteinspeichers wirkte sich auf die unterliegenden Umlagerungsstrecken zwischen Damm- und Jachen-Mündung, aber auch auf die Ascholdinger- und Pupplinger Auen aus. Noch in den 50er Jahren pilgerten Fachleute in diese einmalige Wildflußlandschaft vor den Toren Münchens. Viele hundert Hektar Pioniergesellschaften sind seitdem verschwunden. Kiesflächen wurden zum Mangelbiotop. Die noch verbliebenen kleinen Flächen, meist unter einem Hektar Größe, bieten vielen Arten nicht mehr ausreichenden Lebensraum. Die Neu- und Wiederbesiedelung wird erschwert, weil die Flächen zu klein und zu weit auseinander liegen. Vogelarten wie der Flußuferläufer bleiben aus, weil geeignete Brutplätze fehlen. Hinzu kommt noch der Erholungsdruck auf die Kiesflächen am Wasser und auf den Fluß selbst.

Europäisches Naturerbe schützen!

Die Veränderung des alpinen Wildflusses Isar ist kein Einzelfall. In Deutschland kommt von allen alpinen Flüssen die Isar in ihrem Oberlauf dem natürlichen Vorbild noch am nächsten. Daher verwundert es nicht, daß nur noch ein Zehntel der Fließstrecken aller größeren Alpenflüsse in einem naturnahen Zustand ist. Das dynamische Ökosystem „Alpine Wildflußlandschaft" ist vom Aussterben bedroht! Wildflußlandschaften sind ein Naturerbe von europäischer Dimension, das es für künftige Generationen zu sichern gilt. Das Bundesministerium für Wissenschaft, Forschung und Technologie unterstützt deshalb ein internationales Forschungsprojekt „Ökologie und Schutz alpiner Wildflüsse". Es müssen alle Anstrengungen unternommen werden, um die noch naturnahen Flußstrecken an der Isar und anderen alpinen Flüssen zu erhalten. Wiedergutmachung ist angesagt, und wo der Hochwasserschutz gewährleistet ist, muß der Natur wieder zu ihrem Recht verholfen werden. Einige Maßnahmen hierzu sind an der Isar bereits im Gange, weitere sind geplant. So wird aus den Vorsperren entnommenes Geschiebe an einigen Stellen unterhalb des Dammes wieder in die Isar eingebracht. An anderer Stelle wurde die Remobilisierung ver-

Eine Auswahl aus der Insektengesellschaft, die an der Isar zuhause ist: Die Steinfliegenlarve (ganz oben), die Köcherfliegenlarve (oben), die Lidmückenlarve (unten) und die Eintagsfliegenlarve (ganz unten).

festigter Kiesbänke durchgeführt. Zur natur-
näheren Flußbettgestaltung wurden teilweise die Uferverbauungen entfernt. Derzeit werden die Möglichkeiten geschiebe-

durchgängiger Dosiersperren geprüft. Alle
diese Maßnahmen haben das Ziel, die Isar
dem Vorbild der alpinen Wildflußlandschaft
ein Stück näher zu bringen.

*Die verschiedenen Enzianarten (unten ein Schlauch-
enzian) besiedeln die verschiedenen, wassernahen bis
wasserfernen, Zonen der Aue.*

Stephan Bammer

Ein „Jahrhundert-Hochwasser" im Nacken

Zu den Nachrüstungsmaßnahmen am Damm

Der Schutz für die Siedlungen entlang der Isar gegen Überschwemmungen ist heute ohne den Sylvensteinspeicher nicht mehr denkbar. Seine Schutzfunktion gewährleistet er durch die Sicherheit des Dammes selbst und durch sein Rückhaltungsvermögen hereinströmender Hochwasserwellen.

Seit dem Bau des Sylvensteinspeichers sind bis heute vier Jahrzehnte ins Land gegangen, in denen sich auf der einen Seite die Sicherheitsanforderungen für Talsperren geändert haben, auf der anderen Seite aber auch das Schutzbedürfnis in den Unterliegersiedlungen gestiegen ist. Anlaß genug, die wasserwirtschaftlichen Funktionen des Sylvensteinspeichers zu überprüfen. Das Ergebnis dieser Überprüfung führte dazu, daß die Wasserbauer von 1994 bis zur Jahrtausendwende erneut ihre Zelte am Sylvenstein aufgeschlagen haben. Von einem Büro-Container aus überwacht die Bauleitung des Wasserwirtschaftsamts die erforderlichen Nachrüstungsmaßnahmen an der Talsperre. Diese umfassen eine zusätzliche Hochwasser-Entlastungsanlage und die Erhöhung des Dammes. Im Zuge dieser Maßnahmen wird auch ein zweites Kraftwerk gebaut.

Die neue Hochwasser-Entlastungsanlage

Die Grundsätze für die Sicherheit von Dammbauwerken sind in den technischen Vorschriften der DIN 19700 festgelegt. Darin wurde bisher gefordert, daß ein „Jahrtausend-Hochwasser" - das größte Hochwasser innerhalb von 1000 Jahren - ohne Gefahr für das Dammbauwerk bewältigt werden muß. Diese Anforderung erfüllt der Sylvensteinspeicher mit seinen Ablässen und der Entlastungsanlage, die zusammen etwa 800 m³/s abführen können.

Weltweite Erfahrungen in den letzten Jahrzehnten über Dammbruchereignisse mit teilweise katastrophalen Folgen für die Unterlieger bewogen im Jahre 1986 die Fachbehörden in Deutschland, die Talsperren-Vorschriften zu verschärfen. Die DIN 19700 fordert seitdem, daß die Sicherheit eines Dammbauwerks selbst dann nicht gefährdet sein darf, wenn im Falle eines Jahrtausend-Hochwassers zugleich das leistungsfähigste Entlastungsorgan ausfällt.

Für den Sylvensteinspeicher bedeutet dies, daß selbst dann, wenn sich der Grundablaßstollen nicht öffnen läßt, die restlichen Ablässe ausreichen müssen, dieses tausendjährliche Hochwasser-Ereignis ohne Gefährdung des Dammes zu überstehen. Da dies jedoch nicht zutrifft, mußte eine zweite Hochwasser-Entlastungsanlage gebaut werden, die bis zu 400 m³/s Wasser abführen kann. Sie besteht aus einem Einlaufbauwerk mit zwei festen Überlaufschwellen, einem Stollen und einer Sprungschanze als Auslaufbauwerk. Das Einlaufbauwerk, neben der

Das Einlaufbauwerk der zusätzlichen Hochwasser-
entlastungsanlage. In der oberen, eingesetzten Grafik ist zu sehen,
wie das Wasser über die Schwelle in das Bauwerk einströmt und
in den Stollen abfällt. In der unteren Grafik ist die gesamte
Hochwasserentlastungsanlage mit Einlaufbauwerk (links),
Claudia-Stollen und Auslaufbauwerk (rechts) zu sehen.

B 307

25 m

▼ 770,5

▼ 764,0 Höchstes Stauziel

▼ 760,0 Stauziel

▼ 752,0 Dauerstauziel

▼ 743,0

12 m

Einlaufbauwerk der zusätzlichen Hochwasserentlastung im Schnitt

Bild oben:
Die Baugrube für das Einlaufbauwerk von oben. An
den Felswänden wurden Schalungen errichtet, um
Betonwände errichten zu können

Bild links:
Ein Lkw führt über eine Rampe in die Baugrube für
das Einlaufbauwerk und weiter in den Stollen ein

Flur „am Paradies" gelegen, ist mit Säulen gegen Treibholz bewehrt. Das Wasser fällt, wenn es die je 12 m breiten Überlaufschwellen übersteigt, etwa 20 m tief in einen Fallschacht und baut dabei die nötige Energie auf, um dann im rechten Winkel in den mit 3 % Gefälle relativ flachen, hufeisenförmigen Stollen abzufließen. Am Ende des Stollens wird der Abflußstrahl durch eine Sprungschanze nach oben geworfen und abgelenkt, wodurch er wieder an Energie verliert und, ohne große Schäden anzurichten, in den Kolksee fällt, in den auch der Grundablaßstollen und der Stollen der alten Hochwasserentlastungsanlage münden. Der etwa 550 m lange Stollen wurde in einem kombinierten Fräs- und Sprengverfahren gebirgsschonend hergestellt. Er ist der „Claudia-Stollen", benannt nach Claudia Goppel, der Gattin des zuständigen Staatsministers für Landesentwicklung und Umweltfragen, die als Stollenpatin am 31. März 1995 den Startschuß für die Tunnelbohrmaschine gab. Die Erstellung der Hochwasser-Entlastungsanlage dauerte von September 1994 bis April 1997.

Die Dammerhöhung

Der Sylvensteindamm hat in den bald 40 Jahren seines Bestehens bereits häufig bewiesen, daß er Hochwasserwellen um ihre Spitzen zu beschneiden wußte. Überschwemmungen von Häusern oder gar Stadtteilen sind heute weitaus seltener geworden als zur Zeit vor dem Speicherbau. Doch bereits die Untersuchungsergebnisse des „Wasserwirtschaftlichen Rahmenplans Isar" von 1980 ließen erkennen, daß der Hochwasser-Rückhalte-

Die Baugrube für das Einlaufbauwerk vom Kran aus. Der Betonmischer füllt gerade Beton für die Rückwand des Bauwerks ein. Die Decke des Bauwerks ist als Aussichtsplattform neben der Alpenstraße zu nutzen

Die Tunnelbohrmaschine bohrte zuerst einen kreisrunden Stollen, der dann in Sprengtechnik auf ein hufeisenförmiges Profil erweitert wurde

Nach Claudia Goppel, der Ehefrau des zuständigen Ministers, wurde der Stollen benannt

raum des Sylvensteinspeichers nicht ausreicht, um die Unterliegersiedlungen vor einem Jahrhundert-Hochwasser zu schützen. Eine computergestützte Hochwasseranalyse ergab, daß zum Beispiel die Stadt Bad Tölz derzeit nur für ein 50-jährliches Hochwasser-Ereignis geschützt ist. Deshalb soll der Sylvensteindamm erhöht und damit der erforderliche zusätzliche Hochwasser-Rückhalteraum gewonnen werden.

Zunächst wurde von der Wasserwirtschaftsverwaltung eine Dammerhöhung von 6 m favorisiert, die auf große Widerstände der Anlieger an der oberen Isar stieß. Die Konzeption stammte aus den 80er Jahren und sollte folgende Verbesserungen bringen: Es war vorgesehen, den Hochwasserschutzraum um 3 m Höhe zu vergrößern und den Freibord von bisher 2 auf 3 m zu erhöhen. Damit wollte man etwaige Zukunftsrisiken wie Bergwald-

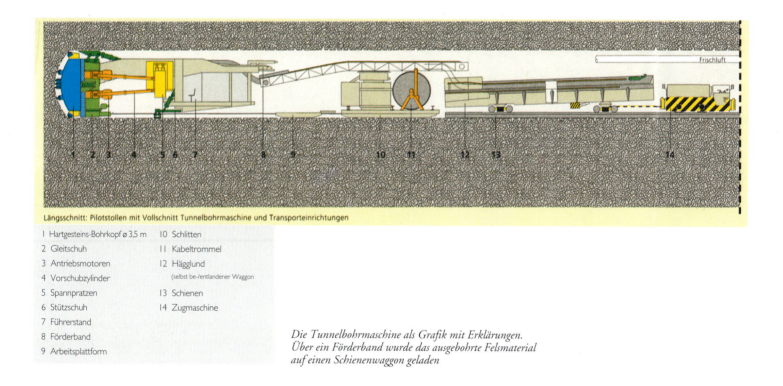

Längsschnitt: Pilotstollen mit Vollschnitt Tunnelbohrmaschine und Transporteinrichtungen

1 Hartgesteins-Bohrkopf ø 3,5 m	10 Schlitten
2 Gleitschuh	11 Kabeltrommel
3 Antriebsmotoren	12 Hägglund
4 Vorschubzylinder	(selbst be-/entladener Waggon)
5 Spannpratzen	13 Schienen
6 Stützschuh	14 Zugmaschine
7 Führerstand	
8 Förderband	
9 Arbeitsplattform	

Die Tunnelbohrmaschine als Grafik mit Erklärungen.
Über ein Förderband wurde das ausgebohrte Felsmaterial
auf einen Schienenwaggon geladen

schäden und Treibhauseffekte berücksichtigen. Schließlich sollte der Niedrigwasser-Aufbesserungsraum um 2 m vergrößert werden, da die Vergangenheit gezeigt hat, daß bei extrem trockenen Zeiten die notwendige Niedrigwasser-Aufbesserung der Isar nicht gewährleistet werden kann. So mußte z.B. am 10. Oktober 1962 der Speicher wegen Wassermangel leergefahren werden und konnte erst am 3. April des darauffolgenden Jahres wieder gefüllt werden. Während dieser rund 175 Tage

konnte kein Zuschußwasser abgegeben werden. Die Folge war, daß in Bad Tölz nur etwa die Hälfte des geforderten Mindestabflusses erreicht wurde, was zu erheblichen Schwierigkeiten hinsichtlich der Wasserqualität führte.

Seit 1990 wird nun ein Teil der Isarableitung am Krüner Wehr im alten Isarbett belassen. Durch dieses Restwasser von 3 m³/s im Winter und 4,8 m³/s im Sommer konnte auf die beabsichtigte Vergrößerung des

Niedrigwasser-Aufbesserungsraumes verzichtet werden. Diese sogenannte „Teilrückleitung" der Isar ist letztlich auf die erfolgreiche Initiative des Vereins „Rettet die Isar jetzt!" sowie der Naturschutz- und Wasserwirtschaftsbehörden zurückzuführen.

Die Gemeinde Lenggries sowie einige andere Unterliegergemeinden stimmten der 6 m - Lösung nicht zu, da aus ihrer Sicht diese Dammerhöhung eine größere Gefahr im Fall eines Dammbruches für die Unter-

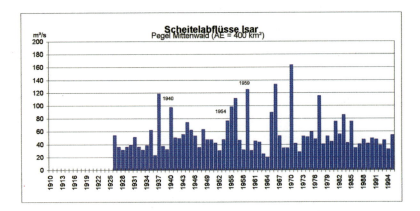

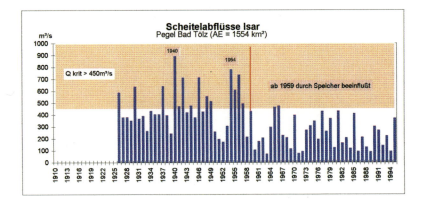

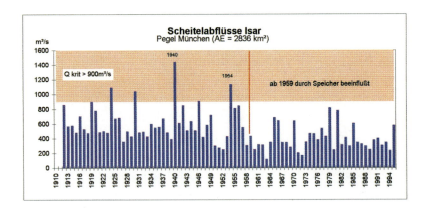

lieger verkörperte. Diesen Bedenken kam die Wasserwirtschaftsverwaltung durch eine kleinere Lösung mit 3 m Dammerhöhung entgegen. Das war deshalb möglich, weil die zwischenzeitlich erfolgte Teilrückleitung der Isar die Vergrößerung des Niedrigwasser-Aufbesserungsraumes entbehrlich machte.

In einer Bauzeit von rund drei Jahren wird die Erhöhung um drei Meter durch eine luftseitige Aufschüttung des Erddammes mit dem Felsausbruchmaterial des neuen Hochwasser-Entlastungsstollens um zwei Meter und eine anschließende Kronenmauer von einem Meter erzeugt. Dies hatte sich in baubetrieblicher, wirtschaftlicher und umweltschützerischer Hinsicht als die günstigste Lösung erwiesen.

Die jährlichen Hochwasserspitzen seit 1926 bzw. 1912 bei den Meßstellen Mittenwald (oben), Bad Tölz (Mitte) und München (unten). Die rote Linie kennzeichnet die Einflußnahme durch die Speicherbewirtschaftung am Sylvenstein. „Q krit" nennt man die Schwelle, ab der im Ortsbereich mit Hochwasserschäden gerechnet werden muß. In diesem orange hinterlegten Bereich sind für Bad Tölz kurz vor der Fertigstellung des Sylvensteinspeichers vier Jahre in Folge schwere Hochwasser-Ereignisse festgehalten. Geht man anhand eines Jahresprofils - z.B. 1970 - von oben nach unten, so sieht man, wie sich die Abflußmenge der Isar in ihrem Verlauf verändert. Das Hochwasser von 1940 wurde als „Jahrhundert-Hochwasser" für die Planung des Sylvensteinspeichers zugrundegelegt. Mittlerweile mußte dieser Wert nach oben korrigiert werden

Als Dichtung wird eine sogenannte „Schmalwand" in der Fortsetzung des bestehenden Damm-Dichtungskerns eingebaut. Die Kronenbreite vermindert sich durch die Erhöhung um 1,50 m auf 13,50 m. Mit der Erhöhung des Dammes und der entsprechenden Anhebung des höchsten Stauzieles von derzeit 764 auf 767 mNN müssen auch die Schächte, Schachtzugänge, Meßeinrichtungen und die zwei Hochwasser-Entlastungsanlagen angepaßt werden. Die Überlaufschwelle der neuen Entlastungsanlage wird einfach um 3 m höhergelegt; die alte Anlage erhält eine neue Deckenkonstruktion und eine neue, höhergelegte Überlaufschwelle. Nicht angehoben wird die Faller Klammbrücke. Die Fahrbahn-Oberkante der Brücke liegt an ihrem niedrigeren Südende auf 766,53 mNN und würde beim erreichten Höchststau von 767 mNN überflutet. Da dieser Fall jedoch nur im äußerst seltenen Katastrophenfall und dabei nur kurz eintreten würde und dadurch auch keine Schäden zu erwarten sind, wurde auf eine Anhebung der Brücke verzichtet.

Langersehnt, lange erstritten, kommt Wasser aus der sogenannten „Teilrückleitung" der Isar beim Krüner Wehr das trockene Flußbett herunter. Für die Grundwasseraufbesserung war dies dringend nötig

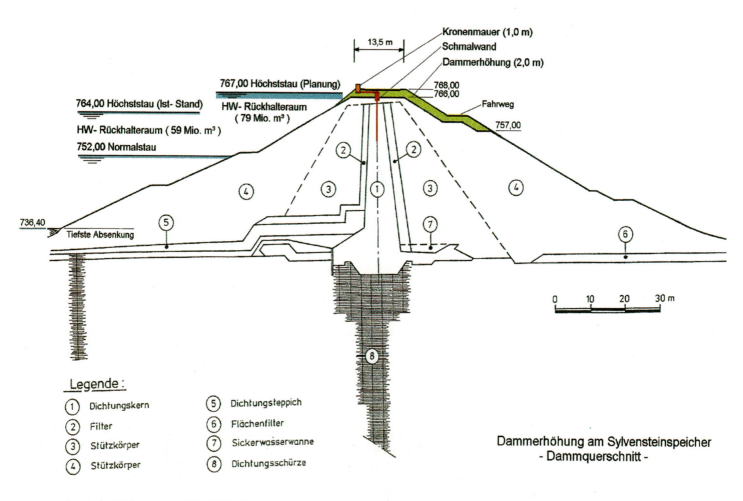

Kronenmauer (1,0 m)
Schmalwand
Dammerhöhung (2,0 m)

13,5 m

768,00
766,00

767,00 Höchststau (Planung)

764,00 Höchststau (Ist- Stand)

HW- Rückhalteraum
(79 Mio. m³)

Fahrweg

757,00

HW- Rückhalteraum (59 Mio. m³)

752,00 Normalstau

736,40

Tiefste Absenkung

2   2

4   3   1   3   4

5   7   6

8

0   10   20   30 m

Legende :

① Dichtungskern   ⑤ Dichtungsteppich

② Filter   ⑥ Flächenfilter

③ Stützkörper   ⑦ Sickerwasserwanne

④ Stützkörper   ⑧ Dichtungsschürze

Dammerhöhung am Sylvensteinspeicher
- Dammquerschnitt -

Damit der Höchststau von 767 mNN realisiert
werden kann, wird der Damm selbst um 2 m erhöht
(grün) und eine Mauer von 1 m Höhe daraufgesetzt
(rot, oben)

Die Autofahrer werden sich an eine neue Vorfahrtsregelung bei der Kreuzung der B 13 mit der B 307 gewöhnen müssen. Im Zuge der Baumaßnahme wird auch die Weiterführung des Radweges zum Sylvensteindamm realisiert. Auf einem bestehenden Forstweg wird man an der Flanke des Sylvensteins bis oberhalb des Sylvensteinspeicher-Betriebsgebäudes gelangen. Dieser Weg wird bis zum Zugangsstollen des Triebwasserstollens verlängert, weiter durch diesen Zugangsstollen geführt und mündet dann direkt auf der Dammkrone.

Der Bau der Damm-Erhöhung soll im Spätsommer 1997 beginnen und nach etwa 3 Jahren abgeschlossen werden. Die durch die Bautätigkeit verursachten Landschaftseingriffe werden nach einem landschaftspflegerischen Begleitplan neu gestaltet.

Mit der Inbetriebnahme der neuen Hochwasser-Entlastungsanlage und des durch die Dammerhöhung vergrößerten Hochwasserschutzraums entspricht der Sylvenstein-Speicher wieder dem neuesten Stand der

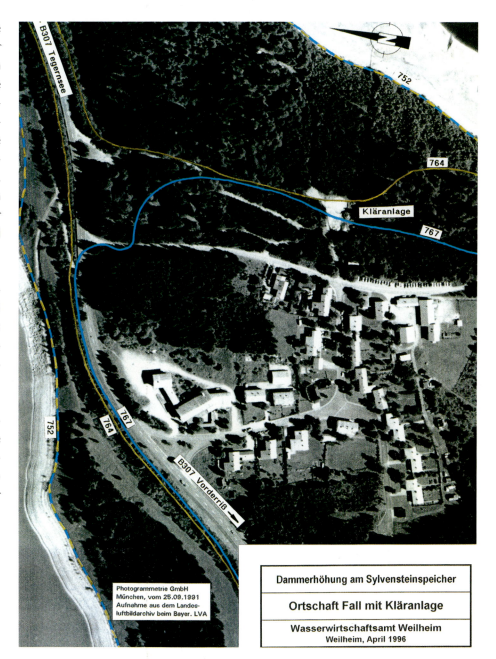

Die durchgezoge blaue Linie zeigt den neuen Höchststau des Speichers bei Fall an. Die Kläranlage wird davon betroffen. Die durchgezoge beige Linie zeigt den bisherigen Höchststau, die gestrichelte Linie an der Bewuchsgrenze den Normalstau an

Dammerhöhung am Sylvensteinspeicher

Ortschaft Fall mit Kläranlage

Wasserwirtschaftsamt Weilheim
Weilheim, April 1996

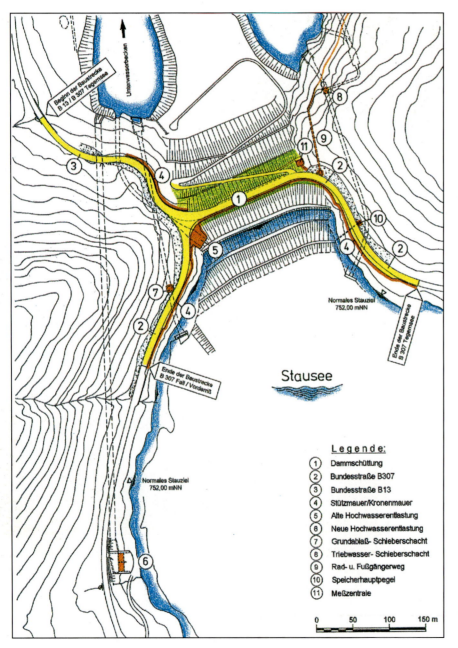

Stausee

Normales Stauziel
752,00 mNN

Normales Stauziel
752,00 mNN

Beginn der Baustrecke
B 13 / B 307 Tegernsee

Ende der Baustrecke
B 307 Tegernsee

Ende der Baustrecke
B 307 Fall / Vorderriß

Unterwasserbecken

Legende:

1. Dammschüttung
2. Bundesstraße B307
3. Bundesstraße B13
4. Stützmauer/Kronenmauer
5. Alte Hochwasserentlastung
6. Neue Hochwasserentlastung
7. Grundablaß- Schieberschacht
8. Triebwasser- Schieberschacht
9. Rad- u. Fußgängerweg
10. Speicherhauptpegel
11. Meßzentrale

0   50   100   150 m

Technik. Seine Schutzfunktion zum Wohle der Bewohner des Isartales ist damit auch in Zukunft sichergestellt.

Das geplante neue Kraftwerk

Die Turbine im Kraftwerk am Sylvenstein ist bereits 38 Jahre in Betrieb. Inzwischen sind Wartungsarbeiten und Reparaturen eine häufige Erscheinung geworden, die zu längeren Stillstandszeiten und damit zu erheblichen Stromerzeugungsausfällen führen. Deshalb ist der Einbau einer zweiten Turbine geplant, die zum einen die Ausfallzeiten reduzieren und zum anderen zusätzliche Wassermengen - vor allem seit der Teilrückleitung der Isar im Jahr 1990, die bisher ungenutzt über den Grundablaßstollen abgegeben wurden; zur Energieerzeugung nutzen soll. Der neue Maschinensatz aus Turbine und direkt gekoppeltem Generator soll gleichwertig ausfallen, so daß die zweite Turbine die erste bei einem Ausfall ersetzen kann. Insgesamt können die zwei Maschinensätze dann bis zu 30 m³/s Wasser zur Stromerzeugung nutzen.

Gesamt-Draufsicht mit der zusätzlichen Hochwasser-Entlastungsanlage (links), der Dammerhöhung (grün), der Kronenmauer (orange, Nr. 4), den angepaßten Straßenabschnitten (gelb) und dem bis auf den Damm fortgeführten Rad- und Fußweg (orange, Nr. 9)

Die Kraftwerksanlage wird im Schutz einer wasserdichten Baugrube errichtet. Das Krafthaus wird im östlichen Bereich des Dammfußes am Triebwasser-Kolksee liegen; die Turbine, der Generator und der Transformator werden bis zu 14 m tief in zwei Untergeschossen installiert. Am Ende der geplanten Bauzeit von 18 Monaten wird in einem etwa vier Wochen während Arbeitsgang der neue Kraftwerksstollen an den bestehenden Triebwerksstollen angeschlossen. In diesem Zeitraum, der außerhalb der hochwassergefährdeten Zeit liegen muß, darf durch den Triebwasserstollen kein Wasser fließen und somit muß auch die bestehende Turbine ihre Arbeit unterbrechen.

Das hauptsächlich unterirdische Gebäude für den zweiten Maschinensatz des Sylvenstein-Kraftwerks, das den seit der Isar-„Teilrückleitung" größeren Stollendurchfluß für die Energiegewinnung nutzbar machen soll

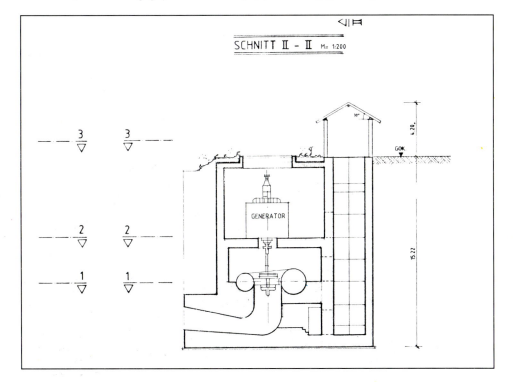

Günther Camelly

Ich, der Sylvenstein heute.

Über die Freizeitmöglichkeiten rund um den Sylvensteinspeicher

Manche Leute meinen, ich sei „nur" ein See. Und ein See, das bedeute halt viel Wasser auf einem Fleck, mit Ufer drumherum. Das sind diese Art von Leuten, die nicht wissen, daß „See" und „Seele" aus dem gleichen Wortstamm kommen. Ich bin viel mehr als „ein Haufen Wasser". Vieles hat sich zugetragen, seit es mich gibt - an meinen Ufern, in den Bergen, den Tälern und Klammen ringsum. Ich will Euch davon erzählen.

Am besten geht es mit Kindern und denen, die ein bißl Kind geblieben sind. Hör mir ein wenig zu, wenn meine Wellen über den Kies plätschern, der Wind in den Uferbäumen raunt. Hör mir zu, wenn die Gewitterböen von Westen über den See jagen und hör

Bei einem Bergmarsch auf den Roßkopf kann man über die Geschiebesperre hinweg weit ins Isartal Richtung Vorderriß schauen

mir auch zu, wenn in sternklaren Dezembernächten der Frost lange Risse durch meine Eisdecke jagt.

Am ruhigsten hab ich's im Frühling. Hellgrün bin ich dann. Das kommt vom Schmelzwasser, das mir Isar, Dürrach und Walchen zuführen. Wo die Berge mit Laubwald bewachsen sind, ist die braune Laubschicht zwischen den Stämmen zu sehen. Das junge, zarte Blattvolk traut dem Frieden nicht, traut sich noch nicht heraus. Um so dunkler heben sich die Fichtenbestände an den Hängen und in den Tal-Lagen ab, während die Gipfel überall noch voller Schnee herunterleuchten. Die Nächte sind oft klar jetzt, künden seidenblaue, sonnige Tage an. Auf Forststraßen und Waldwegen liegt schattseitig noch Schnee.
Liebgewordene Freunde besuchen mich wieder. Am südseitigen Rand des Wasserwachthölzls ist aller Schnee getaut. Blau-

Wo früher die Bockerlbahn ins Bächental führte, kann man heute mit dem Fahrrad reizvolle Ausichten genießen

sternig spitzen bereits die Anemonen heraus und vereinzelt blüht schon der Seidelbast. Ein altes Ehepaar aus Fall schlendert langsam auf dem trockenen braunen Wintergras dahin. Die milde Sonne umschmeichelt grau gewordene Köpfe. „Frühling werd's", meint er, als hätte sie das noch nicht gemerkt. „Ja, hinaus geht's und d'Tag werd'n länger. Des tuat guat." Ganz schlicht sagen sie es, daß Wärme, längere Tage und die Möglichkeit, die lang entbehrten Spaziergänge wieder aufnehmen zu können, ihnen neue Energie und Lebensmut bringen. Ich, der See, mag diese Leute.

An kleinen Dingen können sie sich freuen, an der Wärme des Waldrands und am ständig größer werdenden eisfreien Teil meiner Oberfläche. Sie machen sich auf die kleinen gelben Huflattichblüten aufmerksam, freuen sich über den ersten Zitronenfalter, der den Waldrand abgaukelt. Ein liebenswertes Völkchen, das das kleine Glück des Spazierengehens an diesen Tagen so genießt.

Ein ganz anderes Volk sind die Tourengeher. Nach den Pulverschnee-Hängen des Winters kommt jetzt die Zeit der klassischen Frühlings-Skitouren. Ich kapier's ja nicht so ganz, was da dran sein soll. Da rumpeln sie an den Wochenenden mit ihren Autos an mir vorbei, um fünfe oder sechse in der Früh, hinter ins Rißtal. Dann steigen sie vier oder fünf Stunden ins „Hochglück" oder aufs Gamsjoch hinauf. Das sind Hochkare und Schneemulden hinten im Karwendel. Am Nachmittag sitzen sie dann auf den Bankerln bei mir am Ufer. Ihre Gesichter erzählen von der Schinderei des Aufstiegs, dem Glück des Obenseins und dem Genuß des ersten Schlucks Tee aus der Thermosflasche oder der Halben Bier, die sie hinaufgebuckelt haben.

Mehr als 1000 Höhenmeter Firnabfahrt waren es, ein Traum halt. Na ja, der schwere Baaz am Schluß, den ham's schon vergessen. Braungebrannt sind die Gesichter, leuchtend die Augen und ganz schön müd' die Haxn. Letztens ist einer gar ins Wasser gehupft, um sich den Schweiß abzuspülen. Badehose - nein, hat er nicht dabeigehabt. Das Handtuch hat gereicht, ich war da nämlich grad mal 6°C warm und 6°C Wassertemperatur ist ziemlich keusch. Der ist schnell wieder in sein Gewand geschlupft.

Es ist seltsam. Manchmal haut der Winter im April drein, daß nicht vom einen Ufer zum anderen zu sehen ist, und wirft einen halben Meter Schnee her. Wenn der Schnee in Regen übergeht, rundum die Lawinen krachen, trösten sich die Faller mit dem Sprichwort: „Der Neue frißt den Alten", auch wenn ihre Geduld auf eine harte Probe gestellt wird.

Aber er kommt, der Frühling. Was im Flachland manchmal bis März und April dauert, schaffen wir meist in zehn Tagen. Mein Wasser ist noch milchig grün von der Schneeschmelze. Die Knospen der Laubbäume zerreißt's fast, so frühlingslüstern sind sie. Kaum hat sich das schwere Regen-Schneegewölk verzogen, geben Sonne und Frühlingswind den Startschuß. An Buche und Bergahorn, Esche und Vogelbeere platzen die Knospen. Überall prangt lichtes, zartes Grün, in das hin und wieder wilde Kirschbäume weiße Tupfen malen. Drei Tage später sind aus den zarten Blatttrieben kräftige Blattkinder geworden. Noch einmal fünf Tage danach sind die Blätter schon so grün, wie sie sich den ganzen Sommer über in meinem Spiegel zeigen.

Im Sylvensteinspeicher sind Forellen, Barsche, Renken und Zander zuhause

Am 1. Mai wird die Angelsaison eröffnet

Außer den Lenggriesern kommen auch recht gern Kurgäste aus Tölz, um den zauberhaften Frühling an meinen Ufern zu genießen. Ende April wird's dann unruhig. An der Walchen und am „Paradies", bei der Klammbrücke und am Isararm drängen sich die Autos. Die meisten haben Tölzer Nummern, nur hin und wieder ist eine aus München dabei. Von den Dachträgern und Anhängern werden numerierte Boote abgeladen, ins Wasser hineingehoben und sorgfältig festgemacht. Gestandene Mannsbilder, die meisten in Gummistiefeln, grün behemdet und mit verwaschenen Hüten hantieren mit allerlei Gerät. Es ist bald soweit. Ab dem 1. Mai soll's meinen Bewohnern, den Fischen, wieder ans Leder bzw. an die Schuppen gehen. Da wird die Angelsaison eröffnet. Vom ersten Morgengrauen an ziehen dutzendweis die Fischerboote langsam über mich hin. Links und rechts der Bootswand gibt es eine kleine Welle, die sich schnell auf meiner Oberfläche verläuft. Kleine Ringe formen sich beim Eintauchen der Ruder. Von den Ruderblättern plumpsen die Tropfen nach unten, springen noch einmal kurz auf und sind schnell eingesogen ins große Ganze. Man kennt sich in Fischerkreisen, grüßt sich und fragt, „ob was geht". Die Glücklichen fangen mal eine Forelle oder einen Hecht, vielleicht sogar einen Saibling. Streng sind die Bräuche um das Schon-Maß und eine selbstauferlegte Stückzahl. Drei Fische pro

An Rißbach, Dürrach und Walchen lädt die wildromantische Schluchtenlandschaft zum Kajakfahren ein

Tag, mehr ist da nicht drin. Nur so ist eine vernünftige Bewirtschaftung möglich, sagen sie. Und alle halten sich dran; geht es den meisten doch sowieso mehr um die Ruhe und das Draußensein als um große Beute. Außer den braunen und grünen Kähnen der Fischer sind bald auch andere Boote auf den Autos unterwegs. Lustig sehen sie aus, knallepink, rot oder gelb, klein und wendig. Aber nur die wenigsten kommen zu mir. Die Wasser von meinen Zuflüssen haben's mir erzählt: Am Rißbach, oben an der Neunerbrücke, werden die Boote von den Autodächern geladen. Dann verkleiden sich die Leut. Schwarze enge Anzüge aus Gummi ziehen sie an, auch wenn's heiß ist. Darüber kommt eine wulstige Weste, meist orangerot oder gelb, und auf den Kopf setzen sie komische runde Hüte wie große Eierschalen. Ist doch lustig, nicht? Dann nehmen sie ihr Boot in die eine Hand und einen langen Stock, der hinten und vorne flachgedrückt ist, in die andere. „Kajak" und „Paddel" nennen sie ihr Gerät und was sie tun, heißt „paddeln". Ein bißchen scheinen die zu spinnen. Sie lassen sich in der reißenden Strömung dahintreiben, hüpfen mit dem Wasser über Stufen und springen selbst Wasserfälle hinunter. Ihren Gesichtern nach scheint das auch noch Spaß zu machen. Es muß schon stimmen, was der Rißbach von den Kajakfahrern erzählt. Walchen und Dürrach haben es mir bestätigt und die sind noch enger und steiler als der Rißbach. Zur Dürrach muß das Boot sogar eine Stunde weit ins Bächental getragen werden - eine schöne Schinderei! Aber das schreckt sie nicht ab. Da haben's die Surfer einfacher. Sie tragen ihr Brett einfach vom Autodach die paar Meter ans Wasser. Mit dem Wind ist es bei mir so eine Sache. Ich bin da eher ein Spätstarter. In der Früh mag ich noch meine Ruhe, liege gern ein wenig länger gemütlich in meinem Bett. Ab Juni wird dann die Sonne ganz schön kräftig und mir wird's warm. An meinen Uferhängen streift die Luft nun bergauf. Aus dem Isartal zieht kühle Luft von den Schattenseiten nach. „Thermik" nennt ihr Menschen das. Zuerst kitzelt mich das Lüfterl an der Oberfläche. Nicht lange, und aus dem Lüfterl wird richtiger Wind. Jetzt werden die Surfer lebendig. Wie bunte Schmetterlinge fliegen sie über mich weg. Da rauscht die Bugwelle - und wenn mich einer ganz besuchen kommt, weil er herunterfällt, dann ist das auch nicht schlimm, denn gar so weit sind meine Ufer nie weg.

Dort ist es inzwischen ganz schön voll geworden, bin ich doch als attraktiver Badesee mit angenehmen Wassertemperaturen weit über den Isarwinkel hinaus bekannt. Dicht an dicht liegen die Decken mit luft- und sonnenhungrigen Menschen. Erholung steht ihnen zu - nach all dem Streß die Woche über, oder im Urlaub. Wenn sie nur all den Abfall an Papier und Glas, an Kronenkorken und Bierbüchsen, den sie herschleppen, auch wieder mit heimnehmen würden! Manchmal schaut's schon schlimm aus am Abend nach einem heißen Tag. Ich, der See, kapier auch nicht, warum sie sich mit Sonnenschutzcreme einschmieren und den dann kurz danach in mir wieder runterspülen. Schimmert zwar recht nett, aber als Naturschönheit brauch ich kein Make-Up. Und die armen Leute kriegen halt jetzt doch einen Sonnenbrand. Mit der Bademode hat sich auch einiges getan. Immer mehr von den jungen Mädchen und Frauen freuen sich über immer mehr Luft und Sonne auf der Haut. Mir gefällt's; es erinnert mich an die Nixen, die in mir wohnen und in den Mondnächten auf den Uferwiesen spielen. Die kann nur ich sehen, aber an den Menschennixen kann sich jeder freuen. Ein paar Buchten gibt's sogar - pst, nicht weitersagen - da wird sogar ganz „ohne" gebadet. Nette Leute sind das, die halten „ihre" Plätze wenigstens sauber, und wollen nur ihre Ruhe. Von mir aus, die sollen sie haben.

Manchmal, abends, wenn die meisten Leute schon weg sind und die Dämmerung ganz sanft über Zwiesler und Hühnerberg hereinsinkt, werde ich aufgeschreckt. Irgendwo kracht ein Schuß. Sind sie wieder unterwegs, die Jäger von Fall. Früher Spaß und Spiel der Privilegierten von Blut- und Finanzadel, ist die Jagd jetzt ein Teil Pflicht geworden für die Mitarbeiter vom Forst und lange schon kein Hobby mehr. Von „Abschußerfüllung" und „Waldbewirtschaftung" wird gesprochen und „Wald käme vor Wild" sagt man. Berufsjäger führen Jagdgäste auf Hirsch oder Gams. Viele revierlose Jäger haben seit einigen Jahren die Gelegenheit, im Forstamt Fall in einem „Pirschbezirk" selbst zu jagen. Deshalb kracht es jetzt ringsum immer wieder mal. Auch wenn's mich manchmal nachdenklich stimmt: Wir sind alle eingebunden in den Kreislauf vom Werden und Vergehen. Ich schieb' sie beiseite, die tiefsinnigen Gedanken. Im September, wenn die Wälder bunt werden, wenn die Birken gelb, die Buchen braun und die Ahornbäume rot von den Hängen leuchten, dann schreien die Hirsche. In den klaren, kalt gewordenen Nächten schreien sie auf den Almböden den Rivalen ihre Herausforderung zu. Wenn ich einen Buckel hätte, würd's mir kalt drüber laufen vor Aufregung. Den Jägern wird's nicht anders gehen und gar zu viel Schlaf werden sie jetzt auch nicht kriegen. Jagern am Berg ist halt anstrengend, zeitaufwendig und nicht immer ungefährlich. Aber es ist halt auch faszinierend schön. Langsam, fast unmerklich, verblassen die bunten Farben des herbstlichen Laubs. Damit wird auch der Spiegel meiner Oberfläche brauner und dunkler. Bald wird so richtiges Schmuddelwetter kommen, Nebel über dem Falkenberg, der alles durchdringt. Auch Regen und Sturm werden nicht auf

sich warten lassen; die fegen mit einer ungestümen Lust das Laub von den Bäumen. Nun geht kein Tourist mehr auf die Berge, kein Spaziergänger mehr meine Uferwege entlang. Ruhe ist wieder eingekehrt. Auch die Fischer haben ihre Boote aus dem Wasser gezogen. Die Jäger freilich darf das grausige Wetter nicht schrecken. Die Gamsbrunft hat gerade begonnen und die kohlschwarzen Böcke treiben sich eifersüchtig grabenauf, grabenab herum. Lange haben sie sich den Wanst voll Feist gefressen, eine Reserve für die harten Tage der „Hochzeit" angelegt. Kein Quentchen Fett bleibt davon übrig für die Notzeit danach, muß jeder Gamsbock doch höllisch aufpassen, daß ihm der Nachbar nicht seine „Schönen" abspenstig macht. Irgendwann mischt sich der erste Schnee in den Regen, meist im November, und deckt Laub und Gras zu, hüllt Wald und Berge ein. Nur auf mir will er nicht liegenbleiben. Noch nicht. Dafür ist es noch nicht kalt genug. Die Flocken tanzen herab und ich sauge sie auf an meiner jetzt ganz dunklen Haut. Viel früher gehen jetzt die Lichter im kleinen Dorf Fall an. Die hell erleuchteten Fenster verheißen Bratäpfelduft, rote Kinderwangen und leuchtende Augen. Der Nikolaus soll bald kommen, Vorbote des Christkindes. Dann hört's auf zu schneien. Bitter kalt sind die sternklaren Nächte. Schon bald überzieht mich ein dünnes Hemd aus Eis und

wird täglich dicker. Irgendwann geht die Nachricht durch die Faller Jugend: „Der See trägt!" Dann kommen sie wieder zu mir, erst zaghaft, und werfen einen dicken Stein aufs Eis. Es klingt stabil. Bald tummeln sich viele große und kleine Schlittschuhläufer auf meinem Eismantel, auch wenn sie damit den Leuten vom Wasserwirtschaftsamt keine Freude machen. Ich bin ja nicht immer gleich groß, mußt Du wissen. Je nachdem, wieviel Wasser die Isar von mir braucht, kann es sein, daß ich unter der Eisdecke kleiner werde und das Eis Euch alleine nicht mehr tragen kann. Da mußt Du aufpassen!
Der Wirt von Vorderriß hat eine Loipe nach Fall gespurt. Die Langläufer freuen sich, erwartet sie doch an jedem Ende der

Wenn sich die Stauhöhe des Sylvensteinspeichers ändert, ist das Eis nicht mehr sicher

Von Gasthaus zu Gasthaus sozusagen verläuft die Loipe von Vorderriß nach Fall und lockt so an jedem Endpunkt mit einem Rastplatz im Warmen

Loipe ein gutes Wirtshaus, in dem sie sich für ihre Mühe belohnen können. Ich ziehe mich zurück in meinen Winterschlaf, rolle mich ein und mach' mich klein, ächze und stöhne manchmal, wenn ein Riß durch meine Eisdecke läuft und träume dem Frühling entgegen. Da wird der Föhn wieder kommen, mir die muffige Decke wegziehen und draußen die Knospen wecken.

Der Kreis schließt sich - es geht weiter. Das Leben ist schon schön bei uns…

Chronikalisches Register

bis um **750** geht die Seelsorge für den Isarwinkel vom Kloster Schäftlarn aus. *Kap. 2*

11. Jh.: Kaiser Heinrich III übereignet Jachenau und Walchensee dem Kloster Benediktbeuern. *Kap. 2*

12. Jh.: Ableitung von Isarwasser in die Münchener Stadtbäche. *Kap. 5*

1155 herrscht eine große Hungersnot im Land. Ein Post- und Fernweg führt von Tölz bis zum Sylvenstein. *Kap. 2*

1180 Heinrich von Tölz. *Kap. 2*

1280 urkundliche Erwähnung „datz dem Valle" (bei dem Fall). Erste Erwähnung der „Stromschnellen von Fall" durch Flößer. *Kap. 2/3/4*

1303 bezahlte München für den Ausbau der Fahrrinne in Fall fast 60 Pfund. *Kap. 4*

1360 erbringt der „Grintlzoll" 62 Pfund und 4 Schillinge. *Kap. 4*

1380 wird „dem Schöttlein die weg ze pezzern" Geld gegeben. *Kap. 3*

1388 erster Vorläufer des Landshuter Maxwehrs an der Isar. *Kap. 5*

1401 führt eine „Landstraße" nach Mittenwald. *Kap. 2*

1404 Sprengung in der Faller Klamm durch Steinbrechermeister Peter. *Kap. 4*

1406 erhält Schöttl für Arbeiten an der Grindel-Enge Lohn und Entschädigung. *Kap. 3*

1432 erhält Schöttl 12 Schilling für das Brechen eines Steines nahe Vorderriß. *Kap. 3*

1450 sind zwei Schöttl „beim Jäger im Fall" ansässig. *Kap. 3*

1469 wird eine Straße durch den Fels am Sylvenstein gehauen. *Kap. 3*

1478 bahnen die Schöttl dem Herzog Albrecht den Weg nach Fall. *Kap. 3*

1483 schickt Bayernherzog Albrecht IV einen Bärenjäger nach Fall. *Kap. 2*

1489 Einigung darüber, daß Fall bayerisch ist. *Kap. 3*

1490 entsenden die Klöster Tegernsee, Ettal und Benediktbeuern ebenfalls Bärenjäger. *Kap. 2*

1491 errichten die Schöttl eine Brücke über die Walchen. *Kap. 3*

16. Jh.: In öffentlichen Gewässern zu fischen, wird verboten. *Kap. 4*

1531 Sprengungen in der Riß und am „Sulverstein". *Kap. 4*

1583 ziehen Faller Schützen als Glaubenskämpfer gegen Hohenwaldeck. *Kap. 3*

1619 Bau des Holzwächterpostens „Zum Ochsensitz". *Kap. 2*

1626 ist der Name Riesch in Fall urkundlich belegt. *Kap. 3*

1633 beschwert sich Abt Waldramus über schweren Holzraub. *Kap. 2*

1658 wird Adam Schöttl geboren. *Kap. 3*

1677 heiratet Adam Schöttl die Witwe Maria Postenrieder aus Antdorf. *Kap. 3*

1677 - 1694: Adam Schöttl ist der „Jäger von Iffeldorf". *Kap. 3*

1685, 18. Juni: Kurfürst Max Emanuel schenkt Hanns Wilhelm von Herwarth die Güter von Georg Riesch und Thomas Schöttl in Fall. *Kap. 3*

1692 - 1774 sind die Sachenbacher von Ried Besitzer des Ochsensitzes. *Kap. 2*

1694 zieht Adam Schöttl nach Mittenwald, wo er Oberjäger wird. *Kap. 3*

ca. 1700 wird die Vorderrisser Kapelle errichtet. *Kap. 2*

1703 werden Dragoner an den Sylvenstein verlegt, um die Tiroler am Einmarsch zu hindern. *Kap. 3*

1704 besetzen die Österreicher Bayern. *Kap. 3*

1705 führt Adam Schöttl zur Sendlinger Bauernschlacht die Schützen mit an. *Kap. 3*

1734 Bau der Marienkapelle aus Stein. *Kap. 3*

1775 stellt Georg Miller den Antrag, in der Vorderriß eine Sägemühle zu errichten. *Kap. 4*

1794 wird die Türinschrift an der Miller'schen Erbrechtssäge in Vorderriß angebracht. *Kap. 4*

1806 Adrian von Riedls Beschreibung „des Falls". *Kap. 3*

Flußbegradigungsarbeiten unterhalb Münchens. *Kap. 5*

1810 Umbau des Landshuter Maxwehrs. *Kap. 5*

1829 zeigt eine Karte vom Sylvensteingebiet die Auswirkungen eines Hochwassers. *Kap. 3*

1841 läßt König Max II. das Vorderrisser Jagdschloss erneuern. *Kap. 2*

1842 baut Franz Paul Riesch den Faller Hof. *Kap. 3*

1852 wird eine neue Wassergesetzgebung erlassen. *Kap. 4*

1853 Überschwemmungen im Isarwinkel. *Kap. 1*

1854 erste „Isarkorrektionen" unterhalb der Loisachmündung. *Kap. 5*

1859 erwirbt Franz Paul Riesch jun. zusätzlichen Grund und errichtet darauf ein Wohn- und Gasthaus. *Kap. 3*

Isarverbauungen im Ortsbereich von Mittenwald. *Kap. 5*

1860 bis 1900: Höhepunkt der Flößerei auf der Isar. *Kap. 4*

1860 Flußregulierungen an der Isar unterhalb von Landshut. *Kap. 5*

1865 kauft Anton Tanner den Ochsensitz. *Kap. 2* Die Martersäule wird errichtet. *Kap. 3*

1867 wird der Jägerbauernhof verkauft. *Kap. 3*

1867 bis 1873 verbringt Ludwig Thoma seine ersten Kinderjahre in Vorderriß. *Kap. 3*

1870 ziehen die Luxemburger auf Schloß Hohenburg ein. *Kap. 3*

1872 geht der Jägerbauernhof an den Staat. Franz Paul Riesch gründet die Rieschenbühne. *Kap. 3*

ca. 1880 beschreibt Ludwig Ganghofer Fall. *Kap. 3*

1889 erste Ausleitungskraftwerke an der Isar vor München. *Kap. 5*

1890 Telegraphenlinie von Lenggries nach Fall und Vorderriß

1891 Errichtung einer Gendarmeriestation an der Walchen. *Kap. 3*

1899 Überschwemmungen im Isarwinkel. *Kap. 1*

Ende des 19. Jh.: Fohlenzuchtanstalt des Vereins zur Förderung der Pferdezucht in Fall. *Kap. 3*

1901 übernimmt Franz Kapfhammer den Faller Hof. *Kap. 3*

1905 ist die untere Isar bis zur Mündung ausgebaut. *Kap. 5*

Major Fedor Maria von Donat „entdeckt" den Höhenunterschied zwischen Walchen- und Kochelsee sowie die nahe Isar. *Kap. 6*

1908 Gewinnung von Steinöl im Bächental. *Kap. 4*

Professor Kreuter reicht seinen Vorschlag für das Walchenseekraftwerk ein. *Kap. 6*

1912 - 16 Errichtung des Altinger Wehrs zum Schutz vor Tiefenerosion. *Kap. 5*

1913 - 38 Flußverbauungen zwischen Winkl und Bad Tölz. *Kap. 7*

1919 Errichtung der ersten Schule in Fall. *Kap. 3*

1919 - 21 Errichtung des Krüner Wehrs. *Kap. 5*

1919 - 24 Errichtung des Walchenseekraftwerkes. *Kap. 5/6/7*

1920er Jahre: Reichspräsident Paul von Hindenburg als Jagdgast in Fall. *Kap. 3*

1920 - 25 Errichtung der „Kraftwerkstreppe Mittlere Isar". *Kap. 5*

1923 wurde die „neue Hütte" in Fall erbaut. *Kap. 3*

1924 führte ein verheerender Windbruch am Dürrnberg zum Bau der Bächentalbahn. *Kap. 3*

Inbetriebnahme des Kraftwerkes Mühltal. *Kap. 5*

1927 Fertigstellung des Achensee-Kraftwerks. *Kap. 5*

1928 Raubmord am Faller Postagenten Valentin Karl. *Kap. 3*

1928/29 Gauschießen in Fall. *Kap. 3*

1929 Überschwemmungen im Isarwinkel. *Kap. 1*

1932 tödlicher Unfall an der Bächentalbahn. *Kap. 3*

1934 neue Überlegungen über eine Staumauer am Sylvenstein. *Kap. 6*

1935 Postkutsche zum letzten Mal in Fall. *Kap. 3*

1937 wird Florian Linder Faller Hofwirt. *Kap. 3*

Der Lenggrieser Gemeinderat bestätigt dem Faller Hof eine 200-jährige Geschichte. *Kap. 3*

1940er Jahre: Heinrich Himmler als Jagdgast in Fall. *Kap. 3*

1940 großes Hochwasser im Isarwinkel. *Kap. 1*

1942 erneut Überschwemmungen im Isarwinkel. *Kap. 1*

1945 Besetzung durch Amerikaner. *Kap. 3*

nach 1945 Bau eines Pfarrhofes in Fall. *Kap. 3*

1946 Mächtiges Hochwasser im Isarwinkel (Zeitungsmeldung). *Kap. 1*

1947 beschließt der Landtag, daß der Sylvensteinspeicher möglichst zeitgleich mit der Rißbach-Ableitung fertiggestellt werden soll. *Kap. 5*

1949 Eröffnung der Rißbach-Ableitung. Zugleich Protestversammlung in Tölz. *Kap. 5*

1951 Inbetriebnahme der Wasserkraftwerke Altheim und Niederaichbach. *Kap. 5*

1953 wird das Landshuter Maxwehr durch ein Wasserkraftwerk ersetzt. *Kap. 5*

1954 Auffahren des Grundablaßstollens. *Kap. 6*

1955 Rametsboden wird abgeholzt. *Kap. 6*

Bohr- und Verpreßarbeiten in der Dammachse. *Kap. 6*

Explosionsunglück beim Vortrieb des Triebwasserstollens. *Kap. 6*

1956 Baubeginn Neu-Fall. *Kap. 6*

Der Bundesverkehrsminister verlegt die Deutsche Alpenstraße zum künftigen Sylvensteinspeicher. *Kap. 6*

1957 Umzüge von Fall nach Neu-Fall. *Kap. 6*

Ableitung der Isar durch den Grundablaßstollen. *Kap. 6*

Ein mittleres Hochwasser zerstört den Leitdamm zum Grundablaßstollen. *Kap. 6*

Fertigstellung der Dichtungsschürze. *Kap. 6*

Inbetriebnahme der Wasserkraftwerke Gummering und Dingolfing. *Kap. 5*

1958 Baubeginn Staudamm. *Kap. 6*

Einweihung der Neu-Faller Kirche am 24. August. *Kap. 6*

Erreichen der Dammkrone. *Kap. 6*

Inbetriebnahme des Isarkraftwerks in Tölz. *Kap. 5*

1959 Beginn des Einstaus. *Kap. 6*

Ein Hochwasser testet den neuen Damm kurz vor der Fertigstellung. *Kap. 6*

Sprengung des lezten Faller Gebäudes am 22. Mai. *Kap. 6*

1962 muß der Sylvensteinspeicher wegen Wassermangels leergefahren werden. *Kap. 8*

1963 konnte im April erst wieder Wasser gespeichert werden. *Kap. 8*

1967 Auflösung der Faller Schule. *Kap. 6*

1972 Probelauf des Kernkraftwerks Niederaichbach. *Kap. 5*

1977 Stützstaufe und Wasserkraftwerk Gottfrieding. *Kap. 5*

1979 Inbetriebnahme des Kernkraftwerks Isar 1. *Kap. 5*

1984 Stützstaufe und Wasserkraftwerk Landau. *Kap. 5*

1986 werden die Talsperren-Vorschriften in der DIN 19700 verschärft. *Kap. 8*

1988 Stützstaufe und Wasserkraftwerk Ettling. *Kap. 5*

Inbetriebnahme des Kernkraftwerks Isar 2. *Kap. 5*

1990 Teilrückleitung der Isar. *Kap. 8*

1991 Erste Stauraumspülung im Tölzer Stausee. *Kap. 7*

1994 Baubeginn der neuen Hochwasser-Entlastungsanlage. *Kap. 8*

Stützstaufe und Wasserkraftwerk Pilweichs. *Kap. 5*

1995 Fertigstellung der Fischtreppe bei der Isar-Geschiebesperre. *Kap. 7*

Ministergattin Claudia Goppel gibt den Startschuß für die Tunnelbohrmaschine. *Kap. 8*

1997 Fertigstellung der neuen Hochwasser-Entlastungsanlage. *Kap. 8*

Baubeginn Dammerhöhung. *Kap. 8*

Das Faller Forstamt wird aufgelöst. *Kap. 6*

Bildnachweise

Wir bedanken uns herzlich bei den nachfolgend genannten Personen für die Überlassung von Bildmaterial:

Archiv Eder-Weiss: 7, 8, 10, 11, 15, 16, 17, 18, 19, 21, 22, 23, 24, 25, 27, 30, 31, 33, 34, 35, 36, 38, 39, 40, 41, 42, 43, 44, 45, 46, 47, 48, 49, 50, 52, 53, 54, 56, 57, 58, 62, 64, 66, 67, 68, 70, 71, 72, 73, 84, 86, 88, 90, 94, 95, 98, 101, 102, 103, 106, 107, 109, 110, 111, 112, 113, 114, 115, 116, 120, 121, 123, 126, 127, 132, 136, 140, 141, 152, 154, 160
Stephan Bammer: 14, 33, 60, 61, 71, 75, 79, 117, 162
Baumhotel Betriebs GmbH: 112
Bayernwerke: 64, 65
Bayr. Hauptstaatsarchiv (Repro): 20
Günther Camelly: 16, 138, 150, 151, 153, 155 f., 161
Gemälde Hans Craemer: 80
Gemeinde Lenggries: 26
E. Gregor: 127
Frank Kähler: 58
Klaus Knirk: 159
C. König (WWA): 137
Hr. Lutz: 37
Münchner Staatsmuseum (Repro): 11
Bartholomäus Schalch: 51
Dr. Thomas Schauer: 127, 136, 138
Hans Schöttl: 33, 41
Franz Speer: 71
Tölzer Kurier (Repro): 56
Johanna Tretter: 35, 36, 44, 47, 103
Sepp Tristberger: 28, 32, 37, 47, 85, 94, 106, 109
Wasserwirtschaftsamt (WWA): 8, 9, 12, 13, 26, 59, 63, 65, 69, 74, 76, 77, 78, 81, 82, 87, 88, 90, 91, 92, 93, 94, 96, 97, 99, 100, 101, 103, 104, 105, 106, 111, 116, 117, 118, 119, 123, 124, 125, 126, 127, 128, 129, 130, 131, 133, 135, 140, 143, 144, 145, 146, 147, 148, 149
Kilian Willibald: 141, 142
Heribert Zintl: 127

Literarische Quellen (Auswahl)

Altinger, L.: Sylvensteinspeicher mit Deutscher Alpenstraße. Sonderdruck aus Deutsche Bauzeitschrift. März 1960

Die Ausnützung der Wasserkräfte Bayerns. Entwicklung in den Jahren 1908 und 1909. Bearb. im k. Staatsministerium des Innern, Februar 1910

Denkschrift über die Errichtung eines Speichers im oberen Isartal. Oberste Baubehörde im Bayerischen Staatsministerium des Innern, Oktober 1949

Donat, Fedor Maria von: Die Kraft der Isar, eine Quelle des Reichtums für Staat und Volk. Vortrag, gehalten am 13. Dezember 1905, mit Ergänzungen, nicht veröffentlicht, München 1906

Ellenberg, Heinz: Vegetation Mitteleuropas mit den Alpen. Stuttgart 1982

Falter, Reinhard: Was kann uns ein Fluß bedeuten? Die Isar im Spiegel unserer Kultur, München 1992

Die Isar. Ein Lebenslauf. Hrsg. von Marie-Louise Plessen, Hugendubel München 1983

Jerz, Hermann, Thomas Schauer und Karl Scheurmann: Zur Geologie, Morphologie und Vegetation der Isar im Gebiet der Ascholdinger und Pupplinger Au. In: Jahrbuch des Vereins zum Schutz der Bergwelt, 51. Jg., München 1986

Karl, Johann, Joachim Mangelsdorf und Karl Scheurmann: Die Isar - ein Gebirgsfluß zwischen Natur und Zivilisation. In: Jahrbuch des Vereins zum Schutz der Bergwelt, 42. Jg., München 1977

Krauss, Josef: Die Ausführung des Staudammes am Sylvenstein. Sonderdruck aus Baumaschine und Bautechnik. Oktober 1959

Lenggries. Ein Streifzug durch Vergangenheit und Gegenwart. Eigenverlag der Gemeinde Lenggries, 1984

Lorenz, W.: Die Dichtungsschürze des Staudammes am Sylvenstein. Sonderdruck aus Baumaschine und Bautechnik. Oktober 1959

Mayer, Anton und Georg Westermayer: Statistische Beschreibung des Erzbistums. München-Freising, Bd. 3, Regensburg 1884

P. Meichelbeck: Archivum Benedictoburanum, Schublade 97 H, HStA MKL Bebe. 2/II

Plachter, Harald: An Wildflüssen bestimmen Katastrophen die Vielfalt. In: Forschung für die Natur. Berichte aus der ökologischen Forschung, hrsg. vom Bundesministerium für Bildung, Wissenschaft, Forschung und Technologie, Bonn 1995

Vangerow, Hans-Heinrich: Von Stadrecht zur Forstordnung. München und der Isarwinkel bis zum Jahr 1569 (Miscellanea Bavarica Monacensia)

Das Walchensee-Werk, hrsg. vom StMdI, Oberste Baubehörde, 1921

Westermayer, Georg: Chronik der Burg und des Marktes Tölz, 1893

100 Jahre Elektrizitätswerk Bad Tölz, hrsg. von den Stadtwerken Bad Tölz, 1995

Die Autoren

Ingrid Ricard, Schriftstellerin mit linguistischem und altgeschichtlichem Forschungseifer, lebt in Schlegldorf. Sie hat das 2. Kapitel über die Besiedelung des oberen Isarwinkels verfasst.

Carl-Josef von Sazenhofen, Autor zahlreicher Jugend- und Sachbücher, lebt in Lenggries. Er hat das 4. Kapitel über das gewerbliche Leben im alten Fall verfasst.

Franz Speer, Landespfleger beim Deutschen Alpenverein in München, lebt in Lenggries. Von ihm stammt das 7. Kapitel über die ökologischen Auswirkungen der menschlichen Eingriffe in den Flußhaushalt der Isar.

Günther Camelly, Kajaklehrer und vielseitiger Sportler, lebt in Fall und ist aufs Innigste mit dem Sylvensteinsee verbunden. Er hat sich in den See hineinversetzt und aus dieser Sicht das Kapitel 9: Ich, der Sylvensteinsee geschrieben.

Stephan Bammer, Kulturwissenschaftler und graphischer Gestalter, lebt in Hohenburg. Von ihm stammen die restlichen Kapitel; er hat sich um die Organisation und das Lektorat der Texte angenommen, bei Bildauswahl und Titelgestaltung mitgewirkt und die Bildunterschriften verfasst.

Alle fünf Autoren dieses Buches haben bereits Beiträge für die Kulturzeitschrift „Isarkiesel" geschrieben, die wir Ihnen ebenfalls ans Herz legen wollen.

Claus Eder, Fotograf, lebt in Lenggries, leitet seit vielen Jahren eine Werbeagentur und ist Herausgeber der Kulturzeitschrift „Isarkiesel". Von seinem Großvater Josef Weiß, der als Pionier der Photografie im Isarwinkel gilt, hat Claus Eder ein umfangreiches historisches Bildarchiv geerbt, das nahezu alle Bereiche des öffentlichen und alltäglichen Lebens im Isarwinkel darstellt. Aus der Idee, dieses Archiv auszugsweise der Allgemeinheit vorzustellen, entstand der „Isarkiesel", und auch dem vorliegenden Bildband liegt dieser Gedanke zugrunde.

Wir danken ganz herzlich...

Georg Bülling und Sepp Harbacher aus Fall, Karl-Heinrich Tretter aus Lenggries und Sepp Tristberger aus Anger für ihre Bereitschaft, aus ihren Erinnerungen an das alte Fall zu erzählen. Dieses Dankeschön ist umso tiefer zu verstehen, weil nicht wenige Journalisten von Film, Funk und Zeitung - gerade auch in der Zeit der Gespräche für dieses Buch - quasi über die letzten Zeitzeugen für das alte Fall „hergefallen" sind. Deshalb ein herzliches Vergelt's Gott für ihr Entgegenkommen und die Offenheit. Entgegen mancher Befürchtung der Angesprochenen - „Was möcht'st'n da wissen?" und „Ich weiß eh nichts" - haben sich unsere Gespräche über etliche informative Stunden ausgedehnt, die viel zum Wert dieses Buches beigetragen haben.

Dip.-Ing. (Univ.) Erich Winner, dem Betriebsbeauftragten für den Sylvensteinspeicher beim Wasserwirtschaftsamt Weilheim und BOR Gregor Overhoff beim Staatsministerium für Landespflege und Umweltfragen in München, daß sie unser Vorhaben von ihrer fachlichen Seite aus begleitet und unterstützt haben. Im Dschungel verschiedenster und voneinander abweichender Maßangaben, Daten und technischer Beschreibungen haben sie uns den Weg gebahnt und unsere technischen Ausführungen in diesem Buch überprüft. Insbesondere Herr Winner hat sich zusammen mit Peter Hohenreiter, dem Betriebsleiter des Sylvensteinspeichers, viel Zeit genommen und sich inständig für die sachliche Korrektheit unserer Texte eingesetzt. Ebenso danken wir dem Wasserwirtschaftsamt für die Überlassung von wertvollem Bild- und Planmaterial.

Bürgermeister Werner Weindl von Lenggries für die Einsichtnahme in einige Akten bezüglich der Rißbachableitung und der Dammerhöhung.

Manuela Stowasser vom Stadtarchiv in Bad Tölz für ihr Engagement bei der Suche nach Archivalien und Literatur über Fall und das obere Isartal.

Franz Schöttl aus Lenggries dafür, daß er uns seine inhaltsreiche Schöttl-Genealogie zur Verfügung gestellt hat. Damit war es uns möglich, die Geschichte des ältesten bekannten Faller Geschlechts nachzuzeichnen.

Maximilian Stadler von der Bayernwerk Wasserkraft AG in Finsing für seine Auskünfte über aktuelle Daten bezüglich der Kraftwerke entlang der mittleren und unteren Isar.

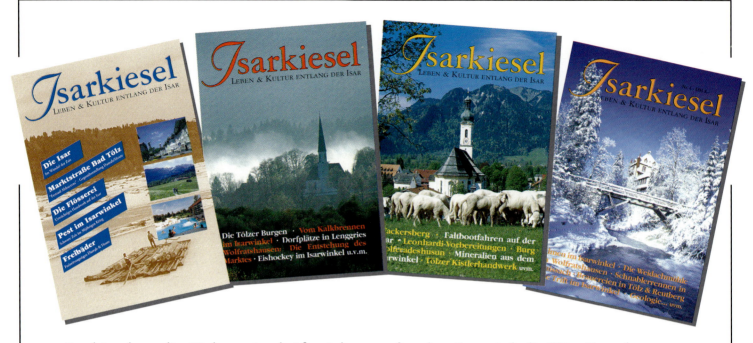

»Isarkiesel« – die Kulturzeitschrift <u>nicht nur</u> für den Isarwinkel! Wer Freude an anspruchsvollem Lesevergnügen hat, dem erzählt der »Isarkiesel« über das Leben entlang der Isar. Reich bebildert mit historischen Aufnahmen und farbigen Fotos berichtet die Zeitschrift über Geschichtliches *(z.B. Flösserei auf der Isar)* und Traditionelles *(z.B. über die Vorbereitungen zur bekannten Tölzer Leonhardifahrt)*. Interessante Artikel über Volkskunde, Brauchtum und Kunst im Isarwinkel, aber auch wissenschaftliche Themen wie z.B. Geologie, Geographie, Flora und Fauna des Isartals werden behandelt *(z.B. die Entstehung der Isarlandschaft)*.

Der »Isarkiesel« ist für DM 8,– zzgl. Porto beim u.a. Verlag erhältlich.

Werbeagentur Eder GmbH Werbung & Verlag · 83661 Lenggries · Günther-Eich-Str. 12
Telefon 08042/9178-0 · Telefax 08042/917815